U0087774

哲　學

（下）
與它們的產地

為青少年寫的哲學史飛行手冊

Cibala　著

三民書局

參考書說明

本文會將參考書目簡列於每篇篇末,但有許多參考書會重複出現,故採用簡寫代表。

「柯」代表 Frederick Copleston 原著,由傅佩榮等翻譯的《西洋哲學史》一到七冊,黎明文化。

「威」代表 Will Durant 原著,許大成翻譯的《西洋哲學史話》上下兩冊,協志工業叢書。

「牛」代表 Anthony Kenny 原著,韓東暉翻譯的《牛津西方哲學史》,中國人民大學出版社。

「批」代表 D. J. O'Connor 等著,洪漢鼎等翻譯的《批評的西方哲學史》上中下三冊,桂冠出版社。

「羅」代表 Bertrand Russell 原著,何兆武、李約瑟翻譯的《西方哲學史》上下兩冊,商務印書館。

「公」代表 Nigel Warburton 原著,吳妍儀翻譯的《哲學的四十堂公開課》,漫遊者文化。

「梯」代表 Frank Thilly 原著,葛力翻譯的《西方哲學史》,商務印書館。

「傅」代表傅佩榮著《一本就通:西方哲學史》,聯經出版社。

「鄔」代表鄔昆如編著《西洋哲學史》,正中書局。

「現」代表劉放桐等編著,《現代西方哲學》上下兩冊,人民出版社。

　　範例：「羅（上）53–66」

　　代表本篇參考內容為羅素的《西方哲學史》上冊的 53 頁到 66 頁。另外，有些單次出現的參考書會直接出現在具體的附註中。因為讀者的關係，不列出非中文參考資料。

哲學與它們的產地

為青少年寫的哲學史飛行手冊

目次

你覺得你是什麼樣的人呢？說說看最能代表你個性的故事。

在學校，你比較喜歡上自然課還是社會課呢？為什麼？

你覺得歷史的重要性在哪？為何我們要學習歷史呢？

真理的法則與判準就是創造：維科

當人們介紹自己，很少人會直接描述自己的想法或外觀。大部分人會說個自己的「故事」，你從小是個如何的人，經歷了哪些變化，成為現在這個樣子。「說歷史」是一種了解你的方式，也是種了解人類的「知識」與「文明」的方式。

笛卡兒、史賓諾莎、萊布尼茲三位哲學家致力於尋找思想的基本法則，由此推出井井有條的知識，這是受數學方法的影響，他們被稱為「理性論者」。洛克與休謨把人看成接收環境資訊的生物，由此說明知識的意義，這代表自然科學，特別是醫學或生物學對哲學的影響、被稱為「經驗論者」。

這兩大觀點已經介紹過了，現在要切入第三種。第三種觀點既不把人看作追尋法則的心靈，也不把人看成自然生物。它把人看成是歷史的創造者，人們像寫故事一樣創造自己的歷史。這就是我們一直以來參觀哲學史博物館的角度，我們也開始認識自己的認識。

維科 (Giovanni Battista Vico) 是義大利思想家。他把哲學思考的焦點帶到了「歷史」之上，他既不相信歷史是超自然力量的舞臺，也不認為只是純粹偶然事件，歷史的主角是有創造力的人類。人生於歷史之中，長於社會之內，既被社會影響也渴望創造。人類的創造能被後代理解與繼承，思想、知識乃至於文明，都應該被看成是人在歷史中的「創造」。

維科強調認識自然只能得到半調子的知識，「人」不是自然界那種被動的「物」，只能用數學假說預測。培根認為研究自然才能改變

自然、增進統治的力量。維科反而認為這些只是強大的技術，有用但稱不上「知識」。然而我們對於人心所造之物：人類的社會、歷史、文學這些主題，人能夠真切地理解、感受、甚至繼承創造。「**真理的法則與判準就是創造。**」

人只能認識自己創造的事物，反過來說「知識」或「真理」其實是人的一種「創造」，就像創造了一台車或一幅畫。知識的重點不再只是對錯或符不符合事實，而是創造知識的過程是為了什麼？是理所當然，還是誤入歧途？

把真理或文明視為是歷史的創造，形成的過程變得至關緊要。順著這點維科也提出了他對人類歷史的看法，他主張人類文明經歷了許多外表不同但意義相同的「三階段」。神的階段，人類以宗教為核心，以教規維持秩序。英雄階段，人類以貴族為核心，以力量維持秩序。人的階段，人類以理性為核心，以法律維持秩序。三階段會重複出現，例如，古希臘已經走過宗教、英雄以及人類三階段，但基督教出現後又重新進入第一階段。歷史依此規律向前不斷前進。

維科對歷史的簡化與分析引起了諸多批評，但對我們而言，更重要的是這種看待事情的角度，把真理視為人在歷史中的創造，這既不屬於經驗論，也不屬於理性論，在未來它將成為德國哲學主要的力量。[51]

---

[51] 柯（六）206–216。

讀後小測驗

1. 我們要切入第三種視角是什麼？

A.理性思考　　　　B.經驗分析　　　　C.歷史創造　　　　D.光明會視角

2. 維柯對自然知識與人的知識的看法是？

A.人無法得到自然知識，也無法得到人的知識

B.人無法得到自然知識，卻可以得到人的知識

C.人可以得到自然知識，卻無法得到人的知識

D.人可以得到自然知識，也可以得到人的知識

3. 維柯認為人類文明分為哪三階段？

A.上古、中古、近代　　　　　　B.巫師、貴族、國王

C.宗教、英雄、人　　　　　　　D.正、反、綜合

4. 這種思想在將來會成為哪一國哲學的主要力量？

A.法國　　　　　B.德國　　　　　C.英國　　　　　D.美國

5. 你覺得了解數學或科學的歷史，對學習這些學問有幫助嗎？還是你認為歷史只是一些不知道也罷的小故事呢？

過去與現在的生活，你比較喜歡哪一個呢？

你覺得現在社會有進步嗎？

你覺得臺灣的黃金時代是在什麼時候呢？

是已經經歷的過去，還是尚未到來的未來呢？

對你而言，你覺得理性在你的生活中有什麼作用？

是否有幫助你變得更好呢？

52 任何時代總誇獎過去、汙衊現在：伏爾泰

　　法國作家維克多‧雨果曾說：**「伏爾泰的名字代表的不是一個人物，而是一整個時代。」**伏爾泰 (Voltaire) 是法國「啟蒙時代」的代表性人物，甚至可說是啟蒙運動的主角，雖然有人認為伏爾泰嚴格意義上不算哲學家，但就其對思想的巨大影響力而言，是不可能忽視的。

　　伏爾泰年少便以劇本創作成名，喜歡譏評時政，還因此入獄。1727 年被法國政府驅逐的他轉往英國，接觸到洛克的政治哲學與牛頓物理學。他很快被推崇知識與自由的英式思想吸引，致力將這些介紹到法國。

　　相較於英國以中產階級與知識分子為主的開放社會，法國當時還是以封建君主與天主教為中心的保守世界。伏爾泰以驚人的文采為爭取知識、自由、寬容、進步而戰，撰寫小說、戲劇、詩歌、歷史、百科詞條等近百冊，動人的文字影響著整個時代。

　　伏爾泰的思想中心是一首鼓吹人類因理性而進步的詩歌，簡稱「啟蒙」(enlightenment)：啟發蒙昧，文字上有「照亮」的意思，理性像光一樣照亮黑暗。伏爾泰把人類歷史看成是理性與愚昧，知識與迷信交戰的過程。啟蒙強烈地否定過去，認為古代生活充滿無知、偏見、迷信、野蠻，還留下一個綑綁後代的教會，現代人終於清醒，終將以理性驅逐這一切。

　　他說：**「任何時代總誇獎過去、汙衊現在。每個民族都幻想著一個純潔、健康、悠閒、愉快、但實際上不存在的黃金時代。」**對他而言，黃金時代就算真的存在，也是在未來，而不是在過去。

現代比過去「進步」，是因為理性的力量。理性讓人認識宇宙、建立秩序、解決困難。相信啟蒙等於相信理性能讓人進步，啟蒙之前，人們對偏見迷信照單全收，相信小孩不打不成器，認為農夫生來就該受苦，道聽塗說，以訛傳訛。但啟蒙之後人有分辨判斷的能力，懂得思考，能淘汰不理性的想法，只接受正確。理性讓人從沉睡中清醒，像革命，像破曉，他的思想是法國大革命的前號。

推崇理性與知識是伏爾泰的主調，他在細節上反而沒那麼激進。他反專制暴政，反無能政府，但不反對君王制，反而欣賞寬容開明的賢君。他對人民的艱苦深表同情，卻不支持民主，認為烏合之眾會毀掉國家。

他反對宗教壓迫，用「**打倒卑鄙無賴**」鼓勵法國人反對天主教會。但他又不反對「神」，他強調牛頓物理學能推出宇宙有設計者。甚至擔憂無神論將帶來混亂，為了社會秩序主張：「**如果沒有上帝，我們就該創造一個出來。**」

在知識上力求進步，但在政治與宗教上略顯保守。這就是伏爾泰，一個令法國人驕傲的名字，他以八十四歲的高齡辭世，大革命時被迎入了法國的先賢祠，永遠被後人傳揚紀念。❷

❷　柯（六）24–32、威 186–236、梯 422–423；傅 219–221；鄔 422。

讀後小測驗

1. 伏爾泰思想的中心是？

   A.啟蒙　　　　B.蒙昧　　　　C.智慧　　　　D.信仰

2. 伏爾泰所謂的進步是？

   A.打混上的進步　B.信仰上的進步　C.藝術上的進步　D.知識上的進步

3. 啟蒙認為？

   A.過去比現代進步　　　　　B.現代不如過去進步

   C.未來比過去進步　　　　　D.過去比未來進步

4. 下列哪一個「不是」伏爾泰的特色？

   A.反專制　　　　B.反暴政　　　　C.反無能政府　　　D.反對君王制

5. 你曾經歷過自己或任何認識的對象身上出現巨大的「進步」嗎？如果有，你覺得關鍵是什麼？如果沒有，你期待嗎？

   _____

   _____

   _____

   _____

   _____

   _____

   _____

   _____

你覺得國家興衰背後有一定的道理嗎？

還是這只是人們瞎編出來的呢？

你覺得要由誰進行國家的治理呢？

全民嗎？還是國王？還是獨裁者？說說你的理由。

你覺得分散政府的權力真的能讓權力彼此制衡嗎？

還是會讓情況更糟呢？

53 要防止濫用權力，就必須以權力約束權力：孟德斯鳩

《三國演義》一開始是：「話說天下大勢，分久必合，合久必分。」這是觀察歷史所得到的道理，用來解釋歷史，看見未來。本篇的主角是熱衷此道的孟德斯鳩。

孟德斯鳩 (Montesquieu, Charles de Secondat, baron de) 是法國啟蒙時期思想家，西方政治理論與法學理論的奠基人。他的名作《論法的精神》想找出歷史中王國興衰的道理。他說：「**我建立了一些原則，我發現個別的情況是由這些原則引申出來的，各國的歷史也只是它們應用的結果。**」

要弄清治亂的原因，我們必須先將政府分類。他將政府體制分為三類：多人統治的「民主共和」、一人統治的「君王制」，一人專斷的「專制」。孟德斯鳩不急著評價政體的好壞，不同政體各有其存亡之道。

多人統治的「民主共和」出現在寒冷或生存資源匱乏，崎嶇不平的小國，例如古希臘，一般所謂民主制或議會制都含括在此。「君王制」是由一個人統治，但政府中存在著許多不同層級的小團體，君王必須依法統治，也必須尊重現有團體組織。這類國家規模也較適中，例如英國。

「專制」則是以一人統治一切，一切都以統治者的意志為決斷的政體，例如中國或土耳其。這類國家人口通常很多，但體制缺乏內在的組織與法律，人民如同一盤散沙。

他發現這三種國家各對應於一種價值精神。這種精神是這類政體

的社會所應具有的價值觀。這些統治精神像是政體的呼吸，支撐著國家運作，一旦失去了它們，政體就會陷入危險。民主共和的人們要參與政治所以是「愛國」。君王制的人們則因現存組織的秩序而需要團體的「名譽」。專制的人們既缺少內部秩序，又無法參與政治，所以只能以對君王的「恐懼」相繫。

「這三種政治體的原理是這樣：它們並不表示在某一共和的政體中，人民必定是有公德的，而是指他們應該如此。它們並不表示在某一君主政治的政體中，人民有種榮譽感，也不證明在某一專制政體國家中，人民是有種恐懼的感覺，而是說他們理應具有它。若不具有這些性質，一個政體是不完全的。」

政體少了該有的精神就撐不久了。不過這些興衰道理的分析很少人記得了，大家對他的印象都在「三權分立」。孟德斯鳩注意到在任何一種政府中，政府權力過大就會威脅到人民的自由。要保有人民的自由，他主張必須分散政府的權力，並讓權力彼此制衡。**「要防止濫用權力，就必須以權力約束權力」**。

三權是指立法、行政、司法三權。立法權能創制、修改或廢止法律。行政權是執行法律、維護治安、公共建設等。司法權則是解決訴訟、制裁犯罪、調解爭端。他認為三權應該由獨立不同的機構執掌，相互制衡，人民才能保有自由。

孟德斯鳩三權分立說深深影響了 1787 年的《美國憲法》與 1791 至 1795 年的《法國憲法》。直到今天的美國還是依著這些想法的方向運作。㊼

㊼　柯（六）13–20；牛 423–425；鄔 422。

讀後小測驗

1.孟德斯鳩將政府分為哪三類？

　　A.民主共和制、君王制、專制　　　B.國王制、君王制、教皇制

　　C.民主制、共和制、帝國制　　　　D.民主制、共和制、君王制

2.孟德斯鳩認為這三種政府下各有一種對應的價值精神，分別是？

　　A.民主共和是「榮譽」。君王制是「勇敢」。專制是「恐懼」

　　B.民主共和是「勇敢」。君王制是「名譽」。專制是「恐懼」

　　C.民主共和是「愛國」。君王制是「恐懼」。專制是「榮譽」

　　D.民主共和是「愛國」。君王制是「名譽」。專制是「恐懼」

3.孟德斯鳩對政府權力的設計一般稱為？

　　A.人民主權　　　B.萬能政府　　　C.三權分立　　　D.金鋼飛權

4.孟德斯鳩三權分立指的是哪三權？

　　A.行政、立法、外交　　　　　　　B.行政、立法、司法

　　C.司法、立法、魔法　　　　　　　D.選舉、罷免、創制

5.以權力約束權力這種想法，你認為會成功嗎？為什麼？

你有使用過百科全書嗎？或是查詢維基百科呢？

你覺得百科全書可以刺激人的思考嗎？為什麼？

你覺得宗教跟自然科學是對立的，還是能相容呢？

54 因百科全書被追捕：法國的唯物主義者

　　大家應該都知道什麼是「百科全書」。網路時代更熟悉的或許是「維基百科」，這是個簡單、開放的工具書，作者遍布全世界，查詢容易。現代人很難想像，歷史上曾有群人因編寫百科全書而被追捕。

　　《百科全書，科學、藝術和工藝詳解詞典》是 1751 年至 1772 年由法國一群知識分子編寫的百科全書。一開始出版商只想翻譯英國的百科全書，邀請當時的知識分子狄德羅為主編，達朗貝爾為副主編。但因當時科技發展快速，加上英法較勁情懷，決定直接重寫。作者還有伏爾泰、孟德斯鳩、盧梭、霍爾巴哈等人。這些人又被稱為「百科全書派」。

　　《百科全書》是本指標性的讀物，目的不是為了記錄知識，而是為了以簡易的說明刺激人們思考，鼓勵人追求知識。參與工作的知識分子多半渴望「啟蒙」，渴望理性與知識帶來的進步。然而不幸的是，舊時代勢力擔心知識帶來巨變，改變自己的優勢，第一本出版後就有教會與政治力阻擋。這些行動也讓這些知識分子的立場越來越極端。

　　狄德羅 (Denis Diderot) 是《百科全書》的主編，跟伏爾泰一樣是多產作家。他推崇知識與理性，反對專制政體，主張無神論與唯物主義。他說：**「只有大家用最後一條牧師的腸子，來絞殺最後一位國王的時候，人們才能恢復自由。」** 我想你應該可以理解為什麼政教界都討厭他。（狄德羅在此不細論，但在 46 與 97 篇都可以看到他的主張）

　　拉美特利 (Julien Offray de La Mettrie) 是位醫生，他先因出版《心靈的自然史》而被法國驅逐。又因出版《人是機器》被荷蘭驅逐。拉美特利是唯物主義者。他否定非物質的靈魂，認為心靈只是身體的功

能，人腳是行走的機器，腦是思考的機器。他既否定靈魂也否定神，說宗教是一種毒藥。他把幸福定義為身體的快樂，生活上也實踐這點，據說因吃太多餡餅而早逝。

曾編寫《百科全書》的霍爾巴哈 (Paul-Henri Thiry, baron d'Holbach) 可說是集大成者，他的理論是牛頓式宇宙的極端版。他認為有兩種對立的世界觀，一種是宗教的，一種是自然主義的，兩者互不相容。相信神或超自然的力量，相信不符自然規律的事物，相信非物質的精神力量，甚至堅持與人類利益無關的價值，都算在宗教的世界觀中。

自然主義的世界觀則是否定神，否定教會、魔法、巫術、超自然力量。否定精神性存有、否定非物質的靈魂。它相信世界中的任何事必定有自然的原因與規律，堅信一切價值都基於人類利益。

「人因對自然缺乏知識而成為不幸者。」霍爾巴哈歌頌自然主義的世界觀，反對宗教的世界觀。一切變化都是自然的運動，都有自然的原因，除了自然知識以外再無其他知識。他批評相信靈魂的二元論只是以詞彙掩蓋無知，神學家把一切歸因於自己根本不了解的基礎。人類一切謬誤都源於不相信可見證據與正確推理，聽任想像力與權威擺布。理性是一切問題的答案。霍爾巴哈的哲學像是一種對不信仰的信仰。

以上三人都以唯物主義的信仰與法國的天主教會對立，天主教會既是思想上也是政治上的敵人。這種因信仰理性而對宗教的敵意直到今天都還在許多人的思想中存在著。❺

---

❺　柯（六）55–70、梯 425–427；傅 219–221；批（中）743–795；鄔 420–421。

讀後小測驗

1.以下何者「不是」百科全書的主要目的？

   A.為了完整地記錄知識　　　　　B.為了刺激人們思考

   C.為了引起人們的興趣　　　　　D.鼓勵人追求知識

2.以下何者是《百科全書》的「主編」？

   A.笛卡兒　　　　B.達朗貝爾　　　　C.狄德羅　　　　D.蠟筆小新

3.以下何者「不是」拉美特利的觀點？

   A.認為人的心靈是身體的功能

   B.認為人的腦是思考的機器

   C.否定靈魂的存在

   D.認為人的靈魂與身體有系統性的關聯

4.以下對霍爾巴哈的描述何者正確？

   A.霍爾巴哈支持自然主義，反對宗教的思考方式

   B.霍爾巴哈支持自然主義，也支持宗教的思考方式

   C.霍爾巴哈反對自然主義，支持宗教的思考方式

   D.霍爾巴哈既反對自然主義，也不支持宗教的思考方式

5.你覺得自然科學與宗教是相容還是不相容？為什麼？

你曾有想過逃離文明生活的衝動嗎？

你會不會也覺得回歸自然生活比較好？

我們一直追求知識真的對我們有益嗎？

有沒有可能知識其實對我們有害？

你覺得文明的發展必定是進步的嗎？還是有可能是倒退的？

55 文明的枷鎖：盧梭（上）

「生活最有意義的人，並不是活得最久的人，而是對生活最有感受的人。」這段話來自於哲學家盧梭。盧梭 (Jean-Jacques Rousseau) 出生於日內瓦，成名於法國，他是重要的政治哲學家，也是浪漫主義的先驅。他一生諸多波折，一時被眾人高捧上天，一時被人們狠摔下地，相當戲劇性。

啟蒙的哲學家們推崇理性，肯定因知識帶來的進步。盧梭卻在這點上跟他們唱反調，他「不」認為知識能帶來真幸福，反而說：「**我們的心靈已經因人文科學和自然科學進步的程度而腐朽了。**」(越進步就越腐朽)

知識不是被人誤用，它們出身邪惡。「**天文學產生自迷信；辯術產生自野心、懷恨、虛假、諂媚；幾何學產生於貪財；物理學產生於無謂的好奇心；道德哲學產生於人類的自負。**」它的結果也是邪惡的，它產生我們的衰弱與不道德。

盧梭認為遠離文明的野蠻人，有真誠的心靈、強壯的身體以及完全的自由。他取生之所需，對萬物不多取一毫，沒有貪婪、搶奪、忌妒與偷盜。身體不需外衣便能抵抗風寒，不需馬車也能跋涉千里，展現出生命的自由與力量。

不過比起身體的強壯，盧梭更欣賞的是野蠻人的自由與平等，野蠻人雖然只關心自己，但不會互相奴役，也不會占地為王，文明卻破壞了它。文明之所以能破壞人原本的自由與平等，是因為文明源自於「私有財產制」。

「**第一位圍起一塊地並考慮說這是我的，而發現人們單純到相信他的人，是文明社會的真正創立者。**」從此，自私、貪婪、競爭、忌妒、仇恨以及衍生的一切罪惡入了世界，在靈魂裡著了根。把人們連繫在一起的是文明，可是這種連繫建立在經濟不平等的基礎上。

盧梭不相信法律或政治能建立真正的自由平等，現實生活勢必牽涉到經濟，經濟的不平等會帶來其他的不平等，徹底破壞一切。這種看法是十九世紀共產主義的先驅。

他說：「**法律與私有財產權是不平等的第一階段；建立官職是第二階段；而第三階段，也就是最後一個階段，是合法的權力變成專制的權力。因此，窮人與富人的對立是第一階段；強者與弱者的對立是第二階段；主人與奴隸的對立是第三階段。**」

經濟落差是不平等的源頭，一步步病入膏肓，人終於成為自己與世界的暴君。盧梭並不覺得奴隸主人有真正的快樂，即使是主人，為了轉身就能奴役其他人，也在自己身上掛滿枷鎖。文明的結果是一切人都不得自由。人們終於習慣枷鎖，永遠不再自由。

人類居然因為組織社會的方式而墮落，但又該怎麼辦呢？回到森林與熊同住？真回得去嗎？生存空間還夠嗎？盧梭提出了另外一條道路，加入愛一切同胞的「國家」。㊿55

---

55 柯（六）81–110、梯 428–430；羅（下）225–243；傅 215–218；鄔 422–423。

讀後小測驗

1. 盧梭認為各種科學的發展？

    A.能帶來進步   B.不能帶來進步

    C.偶爾能帶來進步   D.很可能帶來進步

2. 盧梭欣賞的是？

    A.充滿智慧的哲學家   B.恪守道德的聖賢

    C.遠離文明的野蠻人   D.探險世界的海賊王

3. 野蠻人身上最重要的力量是？

    A.力氣大   B.耐久力   C.不怕風寒   D.自由與平等

4. 文明的罪惡是從何時開始的？

    A.從有宗教開始   B.從有私有財產開始

    C.從有語言文字開始   D.從有哲學理論開始

5. 你認為文明是好的？還是不好的？為什麼？

你曾經想過為什麼你需要等紅燈，而不可以任意過馬路嗎？

你覺得國家對你的限制（例如：義務教育）

是讓你不自由，還是讓你變得更自由？

你覺得國家的根源是什麼？

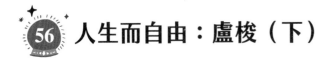

56 人生而自由：盧梭（下）

霍布斯與洛克都相信國家起源於個人簽訂的契約。霍布斯認為人們是為了避免無止盡的戰爭，放棄部分自由與權力，交給統治者。洛克主張人本有天賦權利，但因世事複雜，紛爭難免，故委託一機關解決紛爭，維持正義。

他們兩位都沒有利用超自然的神或天來解釋國家，思想上已經是種進步了。但盧梭對這兩個理論都不滿意，他批評他們想像的根本不是真正的開始，他們設想的人們已經有私有財產了。可是高貴的野蠻人，連私有財產的概念都沒有。

更令人不滿的是這類國家的建立，是為了限制人們的自由。對盧梭而言，這好像把國家想像成奴隸主人，只用來防止奴隸彼此傷害。但盧梭認為國家是為了更崇高的目的，是為了讓人更自由。

盧梭也贊同國家起源於人們簽訂契約，可是這是種結合契約而不是委託的契約：「**我們每一個人將他的人與所有權力，共同置於普遍意志的最高指導下，並且在團體中，接納每一個成員為整體所不可分割的部分。**」

這其實更接近我們現在對國家的基本看法，國家由人民結合而成，國家絕不能視人民如草芥，每一個成員都是整體不可分割的部分。然而眾人結合成為國家是為了什麼呢？絕不是只為了保護自己的財產，而是為了更偉大的「普遍意志」。

盧梭認為只要幾個人聚在一起，自認是一個團體，就出現了追求團體幸福的「普遍意志」。舉個例子，當人們想一起蓋間倉庫，或清理

一塊爛泥地，或一起開個讀書會，這些都是追求團體幸福的普遍意志。有了這些目標，大家就能安排時間，劃分責任，可是排定了工作後個體就必須去做，這不是更「不自由」了嗎？

　　一個人能去做自己真正該做的事，並非喪失自由，反而是更自由，因為這讓他創造出更好的自己。舉個例子，要你學習語文看似讓你失去了遊戲的自由，但累積下來的語言能力卻讓你有提升社會地位的自由。人活著不免受到別人，甚至自己身上力量的干擾。例如我想好好準備考試，又想玩樂。自由是拒絕向任何外在或內在力量屈從。

　　人是社會的動物，當人們結合成國家，就立志追求國家的幸福。國家的幸福來自於「人民的普遍意志」，也就是「民意」，具體上會化成各式各樣的政令法律。遵守法律等於讓自己生活在一個更有秩序的國家裡，讓自己更好、更自由，而不是失去自由。有時甚至是強迫自由，比方說若我自願賣身為奴，法律禁止販賣奴隸就等於在強迫我自由。

　　國民教育提升了人民的基礎能力，雖然上學暫時不自由，卻讓人在成年後能更自由地追尋自己想要的生活。人在國家中能獲得更符合本性，更好的真自由，「人生而自由」正因為每個人天生就在追求創造更好的生命。

　　「民意」是國家的靈魂，能讓自己的國民更好也更自由，但國家絕不等於政府，政府只是民意的委託者。真正有統治資格的只有民意，當政府違背了民意，便失去了合法性。民意不等於國家不只成了法國大革命的前號，也是現在最主流的政治思想。 **56**

56　柯（六）96–134，牛426–430，羅（下）225–243，梯428–430，公154–159；鄔422–423。

讀後小測驗

1. 盧梭想像的國家是為了讓人更？

   A.守秩序　　　　B.自由　　　　C.有錢　　　　D.愛他人

2. 盧梭所謂「自由」，指的是？

   A.金錢財富上的自由　　　　B.隨心所欲的自由

   C.發展自我，不屈從於任何力量　　D.能支配他人的自由

3. 盧梭認為國家與政府之間的關係是？

   A.國家等於政府　　　　B.政府等於國家

   C.政府大於國家　　　　D.政府不等於國家

4. 盧梭認為只有什麼才真正具有統治的資格？

   A.民意　　　　B.智慧　　　　C.教會　　　　D.帝王

5. 你認為約束或規定自己練習運動或彈琴是自由的嗎?還是不自由呢?

   為什麼？

讀到這裡，你會不會覺得之前的哲學家
都無窮盡地追求知識，好像不太對勁？
你覺得知識本身有沒有限度與條件？如果有，會是什麼？
你覺得面對求知的困境，
除了永遠懷疑與直接相信外，有沒有第三條路？

57 我可以知道什麼？：康德（上）

　　康德 (Immanuel Kant) 對念哲學的人像是對理智聖光的信仰，思考深刻透徹，論證嚴密宏偉。他把哲學思辨與專業寫作提升到前所未有的境界。面對哲學人遇到任何爭論，只要說：「這是康德說的」，對方便有機會知難而退。

　　康德開啟了德國哲學的黃金時代，像巫師一樣招喚出一大群德國哲學家。他是柯尼斯堡人，生活規律安穩，一生未婚，從沒離開過家鄉。他出版了《純粹理性批判》論知識、《實踐理性批判》論道德、《判斷力批判》論美，三者合稱三大批判。

　　康德的思考是非常宏觀的，他關心人類精神的完整性，對知識、道德、美學、宗教乃至文化都有完整的見解。但康德的理論也是深刻精密的，我們從知識部分開始看起。

　　《純粹理性批判》的主題是「我可以知道什麼？」人跟動物都有感覺，人卻有知識。對康德而言，如何從感覺產生知識是重要的哲學問題。除了滿足好奇心，他也想藉此探討知識的合理性，消除懷疑、迷信與無止境的爭論。

　　康德對此最重要的創見是點出知識的「創造性」。自古希臘開始，人們先入為主地接受知識是「與真實符合的想法」，但這種講法禁不起根本的追問。如果細問這種「符合」到底是怎麼一回事，你怎麼能確定「真實」如此，人們就陷入了惡性循環，因為沒有知識，人就無法知道「真實」。

　　面對這類困境過去只有兩條路，經驗論選擇永遠懷疑，理性論選

擇直接相信，兩邊都太極端，都偏離了正確的方向。康德的任務是把知識帶回「人」的手上，用「人造」的角度去正確理解它。

康德認為我們應該坦承知識出於人對感覺的改變與創造，理性提供結構，感覺提供內容，合作共創。知識不是為了要「符合真相」，而是為了「讓人思考」，人只能思考自己改造出來的東西。承認人的改造，也等於承認知識「有限」，才能停止惡性循環。人可以觀察世界中的事物，建立科學的理論或知識，這是理性的。可是哲學家還不滿足，想問這符合「真相」嗎？世界「真實」如何呢？這就超出了知識範圍，陷入無盡的爭論。人類理性會提出自己根本無法回答的問題，這時清醒者就該停止，多說無益。

對康德來說，過去的哲學家就像一個人看見了天地交接的地平線，便急著去看天與地如何相連。殊不知他走到哪裡，線就退到哪兒，因為那條線根本是他自己造成的。意識到人類知識有其條件與界限，這就是康德所謂「批判」。人對眼前的事物可以合理擁有知識，但若毫無節制地一直追問遲早會出問題。

他舉了三個超出界限的例子，追問人知識背後的整體，也就是「世界」；追問人背後的自我，也就是「靈魂」；追問一切背後的無條件者，也就是「神」。要認識「世界」、「靈魂」或「神」所需要的證據根本沒有止境，對立的觀點永遠無法分出高下，人永遠無法確知。

康德的批判哲學認為「追根究柢」固然不錯，可是沒完沒了地無限上追，忽略了知識本身的條件與限度，是未經批判的錯謬。知識應該止於人思想的條件之內，直到今天仍是許多學者堅持的習慣。❺⁷

---

❺⁷　柯（六）239–408，威 238–258，牛 213–246，批（中）799–825，羅（下）243–253；梯 431–460，公 163–166，傅 222–228，鄔 429–448。

讀後小測驗

1.《純粹理性批判》的主題是？

A.我可以知道什麼　　　　　　　B.我可以吃些什麼

C.我可以批判什麼　　　　　　　D.我可以希望什麼

2.康德對此最重要的創見，是點出知識的？

A.奇怪性　　　B.客觀性　　　C.真確性　　　D.創造性

3.康德指出承認知識經過人主動的加工，就等於承認？

A.所有一切我們永遠都沒辦法知道　B.有些東西我們永遠沒辦法知道

C.所有一切我們永遠都有辦法知道　D.有些東西我們永遠有辦法知道

4.康德認為要對世界進行整體性的了解也是不可能的。以下哪一個不是他舉的三個例子之一？

A.世界　　　B.因果　　　C.靈魂　　　D.神

5.康德的批判哲學認為人類求知不該沒完沒了地無限上追，你贊同這種說法嗎?你覺得人有辦法靠反省發現到「自己的知識」的界限嗎?

你覺得什麼是「道德」？說說你的看法。

你覺得說謊是對的嗎？如果是出於善意的謊言呢？

想想看，當你做了一件善事，你是出於什麼原因呢？

58 我應該做什麼？：康德（下）

　　小明某天在放學後獨自清掃庭園，巧遇校長，校長覺得小明的行為令他感動，順手送了他價值千元的商品兌換券。好心有好報，這應該也算一件美事，可是如果小明「打從一開始」就知道校長會經過那兒了呢？

　　如果你覺得這種「知道」減損了小明的「好」，你傾向於贊同康德對道德的看法。跟知識一樣，康德主張道德也是人自身創造出來的規矩，而且是一種不為任何好處、沒有任何算計，僅僅為守規矩而成規矩的規矩。這類規矩叫「義務」，康德認為道德的存在就等於義務的存在。

　　具體來說，義務是「你應該○○」或「你不應該××」這樣的命令句，只有命令而無條件。比方說「你應該誠實」或「你不應該濫殺無辜」。如果一個人恪守誠實是為了得到好處，不管多少，就是別有所圖。如果有人把「不濫殺無辜」當升官進爵的必要條件，同樣也不該被視為好人。

　　只有一個人單純覺得自己應該如此，不為所求地誠實，才是真正的好人。同樣一個人不濫殺無辜不是為了升官，單純尊重生命、覺得這樣不對，才有道德上的崇高。道德價值只能為了守規矩而守規矩，而不是想要其他好處，他把這叫「自律」。

　　自律聽起來蠻合理的，我們雖然不見得恪守道德，但至少對「對」或「不對」有些意識，義務就是人的「良心」，良心要人自律。這種不與任何好處沾上邊的道德，能夠帶給人真正的「自由」。

可是守規矩怎麼能說是「自由」的呢？不是應該不守規矩，占盡好處才叫「自由」嗎？追求好處的人其實不自覺地被這些好處吸引並限制著：「如果我想升官發財，我應該要○○××」。「升官發財」影響著你作選擇，每時每刻。直到有天你說：「我不該濫殺無辜，不該就是不該。」你沒有具體的目的，單純因為這本來就是對的，你掙脫了升官的鎖鏈，恢復了自由。康德的自由跟盧梭的自由一樣，不是指人選擇或享受的自由。而是指人拋開外在的枷鎖，不屈從於任何力量，恢復自己本來的面貌。

康德認為道德法則是義務的想法又再次震撼了哲學界。過去哲學家們很容易把道德想像成是人生幸福不可缺少的條件，對康德來說，這又弄錯了方向了。道德除了顯示人是自由的之外，再也不該多承諾些什麼。特別是不該承諾任何「好處」（幸福）。

最後，對道德義務的尊重也在諭示我們對「其他人」的態度。一個利用他人，把他人當作獲得好處的工具，並不真的尊重對方。尊重他人是不把他人看成手段，就像尊重這些義務一樣。追求義務的道德觀能建立人人相互尊重的現代世界。**❺❽**

---

❺❽ 柯（六）409–460，威 258–280，牛 246–250，批（中）825–839，羅（下）253–255，梯 463–466，公 168–174，傅 229–231，鄔 448–453。

讀後小測驗

1.康德把道德的規矩稱為？

　　A.規則　　　　　B.咒術　　　　　C.道理　　　　　D.義務

2.以下何者會被康德認為是道德的？

　　A.因為愛對方而說實話的丈夫　　　B.沒有任何原因說實話的丈夫

　　C.為了幫自己脫罪而說實話的丈夫　D.為了家庭和諧而說謊話的丈夫

3.以下何者會被康德認為代表自由？

　　A.因為愛對方而說謊話的丈夫　　　B.沒有任何原因說實話的丈夫

　　C.為了幫自己脫罪而說實話的丈夫　D.為了家庭和諧而說謊話的丈夫

4.康德認為我們對他人的態度應該要？

　　A.把對方當作手段，而不是目的　　B.同時把對方當作手段與目的

　　C.把對方當作工具，而不是目的　　D.把對方當作目的，而不是手段

5.你覺得良心真的存在嗎？它對一個人重要嗎？你覺得人真的會「良心不安」嗎？

猜猜看，是什麼時候國家的主人從君王轉變為人民的？

你覺得人民為何要起身革命？他們想要獲得什麼？

你覺得反抗壓迫算是一種正義嗎？

還是人們應該永遠保持和平主義呢？

人民即國家：革命時代

　　現代世界很少有人會反對人民是政府的主人。政府必須服務人民卻是近代才發生的事。「人民」這個詞在古代常與愚蠢、貪婪、暴亂相關，甚至是渴望被統治的一群奴隸。

　　十八世紀的美國獨立革命與法國大革命展現了人民的力量。兩場革命建立了兩個強國，後者席捲了當時歐洲大陸，迫使歐洲現代化，前者在二十世紀崛起，今日還是世界上最強大的國家。

　　美國革命是人民反抗政治壓迫的典範。英法北美戰爭後英國取得北美霸權，然而北美殖民地在不需要母國保護後，反而因稅務與立法糾紛與英國關係惡化。1775 年至 1783 年的獨立戰爭，初期由海權強國英方占優勢，在法國支持殖民地之後轉變，英軍在海戰與陸戰皆大敗後在 1783 年的《巴黎條約》承認美國獨立。

　　美國的《獨立宣言》中經典的一段：「**我們認為以下真理不言而喻：造物者創造的一切人都是平等的，並賦予他們不可剝奪的權利，包括生命權、自由權與追求幸福的權利。為了保障這些權利，人們建立政府，政府之正當性來自於被統治者。任何形式的政府，只要破壞上述目的，人民就有權改變或廢除它。**」

　　以上是洛克式的人權理念與政府觀。或許因為殖民地需要建設，財產權成了「追求幸福的權利」。反抗政府對人民的壓迫開始成為普世的正義，政府必須以保護個人的自由為天職。《美國憲法》以各種方式保護人民在不同領域的自由。例如，美國雖以新教國家自居，但《權利法案》第一條就保護人民的宗教自由。

　　而在海的另一邊，1789 年法王路易十六因債務問題召開三級會議，不滿的人民提出要求，最後演變為法國大革命。法國數百年來的君主制與封建制度在三年內垮臺，天主教財產也被革命政府沒收殆盡。

　　相較於曾經是殖民地的美國，法國歷史悠久。大革命是對社會全面性的破壞與重建，讓整個歐洲的王室都心生恐懼。1792 年法蘭西第一共和國成立，同年法國大革命戰爭開始，法國領土因戰勝而迅速擴張。革命軍派系鬥爭導致數年的恐怖統治。這場混亂直至 1799 年拿破崙執政後大革命結束。

　　路易十四說「朕即國家」，大革命後成了「人民即國家」。反抗政府的壓迫再度被宣告為正義，法國男子有公投普選權，也有《人權宣言》中「**人民有權做一切法律不禁止之事**」的自由。宗教上中立的新法國誕生了，公領域要求有限，卻承諾私領域的無限自由。

　　從馬基維里的角度來看，工業製造與新式火槍讓人民能迅速組成大規模的軍隊，形成挑戰政府的力量，這是過去所沒有的。從美國獨立戰爭出現的大陸民兵，到法國革命政府徵召全國男性入伍，都是軍事史上重大的變化，戰爭規模與後勤補給都大幅提升，支持著人民正義的是「鐵」與「血」的力量。

　　隨著拿破崙的勝利，大革命的理念傳播開來。即便 1814 年維也納會議恢復了法國皇室，但歐洲再也回不到只有貴族與教皇的年代，所有的人都看見了人民的力量。人民提供的穩定財源與兵源是政府力量的來源，但也可能因政府的失職而轉向政府，這是之後的任何政府都不可以忽視的。❺❾

---

❺❾　威 281–283，牛 415–436。

讀後小測驗

1. 本篇所談十八世紀的兩場革命是哪兩個國家？

　　A.英國與美國　　B.美國與法國　　C.英國與法國　　D.英國與德國

2. 《獨立宣言》呈現的是哪一位哲學家的自由觀與政府觀？

　　A.派大星　　　　B.笛卡兒　　　　C.康德　　　　　D.洛克

3. 相較於路易十四說「朕即國家」，大革命之後成了？

　　A.政府即國家　　B.法律即國家　　C.傳統即國家　　D.人民即國家

4. 歐洲再也回不到「單只有」貴族與教皇的年代，是因為看見了？

　　A.知識的力量　　B.戰爭的力量　　C.傳統的力量　　D.人民的力量

5. 你認為在現代政治中，人民真的是國家的主人嗎？有沒有你覺得不

　　對勁的地方？

你覺得改革應該要是循序漸進的，還是快如閃電的？為什麼？

你能夠區分出「左派」與「右派」嗎？說說你區分的方法。

你覺得為了追求正義可以犧牲一切，甚至犧牲掉無辜者的生命嗎？

60 改革與革命：左與右

在臺灣搭過電扶梯會有個印象，左側留給趕路的人，右側是給等電扶梯載送的人。這種分別也會在「政治」與「經濟」的改良上出現，這種分別也構成了現在的世界。

十八世紀兩次革命對歐洲造成很大的衝擊，政府的意義被質疑，統治階級被翻轉。工業革命帶給了人民力量，不管是少數有錢人，還是龐大的平民，都意識到了古老靜態的世界無法延續，面對變化出現了兩種態度。

法國大革命開會時平民階級坐在長桌左邊，這些人高舉個人自由，要求廢除一切不平等，殺死國王，建立新政府。保皇黨與資產階級坐在長桌右邊，他們想以漸進的方式改革，不贊成殺死國王，希望保存政府的權力，依序改革，減少動亂。這是政治上的「左派」與「右派」。

這兩派一開始都是革命者，後來卻視彼此為眼中釘。右派被左派視之為緩不濟急，甚至是反革命。左派則被右派視為趁火打劫，為達目的不擇手段。大革命最後成就了英雄拿破崙，左右兩派的鬥爭全成了拿破崙帝國的墊腳石，但這份疑惑卻傳到了英國。

英國的潘恩 (Thomas Paine) 與柏克 (Edmund Burke) 延續了長桌上的對立。潘恩支持法國大革命，認為這與美國革命一樣，都是人民反壓迫爭自由，建立更好政府的高貴行動。他高舉個人的自由與平等，認為過去的不自由不平等全是偏見，應不計一切代價立刻廢除。

柏克則對法國大革命提出了批評，柏克並不反對改革，他也支持美國獨立革命，但他更推崇英國光榮革命，認為改變應該循序漸進。

他相信政府或傳統本身有其內在的穩定性，善用這些結構穩定改革才不會在天下大亂之後反成一場空。

對政治變革快與慢的對立態度，分出了政治上的「左派」與「右派」。當對政治問題採取激進的觀點，高舉個人主義，反對政府壓迫，強調自由、人權，稱為「左派」。依這種的精神統治的是左派的政府。

當採社會或群體的角度，尊重傳統，追求互信合作，強調秩序、法治，則是「右派」。依這類精神統治則是右派的政府。右派政府常給人保守的印象，通常是推崇團結秩序的大政府。左派政府則給人一種開放的印象，喜歡個人主義，限制政府權力。

十九世紀後半情況更複雜了。馬克思主義者認為政治上的自由平等還不夠，人生活離不開經濟，主張經濟上的完全平等，要廢除私有財產與自由市場，改以國家力量分配一切。共產主義對現實極度不滿，主張透過「革命」來完成，又成了當時的「左派」。

而站在資本主義這側，依然相信自由市場的人們，反成了保守的右派。儘管他們原來可能是支持個人主義的政治左派。政治上的左右與經濟上的左右交錯很容易讓人困惑。史達林時代的蘇聯是一個政治右派的超級大政府，卻採用經濟左派的計畫型經濟。

二戰前的美國則是政治左派政府配上經濟右派的市場經濟，政府管越少越好。在經過共產主義與自由世界的對立之後，許多國家都意識到兩邊各有優缺點，開始向中間修正。蘇聯垮臺後經濟上共產式的左派很少，但促進經濟平等的社會福利也成為現代國家必備的政策。

總之，激烈是左，平穩是右。這些複雜的分派也在二十世紀初形成了對立集團，最終引發大戰。❻

---

❻　牛 430–436。

讀後小測驗

1.「政治的左派」指的是？

　　A.尊重傳統，互信合作，強調秩序、法治、進步

　　B.高舉個人主義，反對政府壓迫，強調自由、人權

　　C.相信自由市場，相信自由競爭能帶來更進步的世界

　　D.主張經濟上的完全平等，要廢除掉自由市場

2.「政治的右派」指的是？

　　A.尊重傳統，互信合作，強調秩序、法治、進步

　　B.高舉個人主義，反對政府壓迫，強調自由、人權

　　C.相信自由市場，相信自由競爭能帶來更進步的世界

　　D.主張經濟上的完全平等，要廢除掉自由市場

3.「經濟的左派」指的是？

　　A.尊重傳統，互信合作，強調秩序、法治、進步

　　B.高舉個人主義，反對政府壓迫，強調自由、人權

　　C.相信自由市場，相信自由競爭能帶來更進步的世界

　　D.主張經濟上的完全平等，要廢除掉自由市場

讀後小測驗

4.「經濟的右派」指的是？

A.尊重傳統，互信合作，強調秩序、法治、進步

B.高舉個人主義，反對政府壓迫，強調自由、人權

C.相信自由市場，相信自由競爭能帶來更進步的世界

D.主張經濟上的完全平等，要廢除掉自由市場

5.這些分派中有沒有哪一種是你特別喜歡或討厭的？說說看喜惡的理由。

你聽過任何一個十九至二十世紀哲學家的名字嗎？

有聽過馬克思、尼采、羅素或維根斯坦嗎？

你喜歡「現代世界」的生活嗎？我指的不只是方便的生活，

也包括那種充滿壓力、競爭、而且得不斷賺錢的生活。

61 分裂：十九到二十世紀

　　不知道有沒有人跟我一樣，感覺分裂成兩塊的東西有種天然的美。十九到二十世紀的哲學是分裂的，有兩大傳統，這道裂痕在十九世紀只有一點點的跡象，二十世紀前半最為明顯，後半趨緩，但根本上仍是分裂的。

　　分裂的主因是「現代世界」的出現。現代是自然科學與工業化迅速發展的時代。自然科學因實驗與數學方法獨立於哲學，成為新的知識典範，地位之牢固就如同中世紀的神學。工業化徹底改變了地表風貌。都市大量興起，農村迅速減少，生活離自然越來越遠，人越來越像生產或賺錢的工具。

　　針對這種極度推崇自然科學，又極度專注於生產，把一切都視為工具的「現代世界」，對立的看法出現。一是合作，二是批判，我們先從後者開始。

　　「歐陸哲學」泛指以歐洲大陸為核心舞臺，占據幾乎整個十九世紀，並延伸至二十世紀的眾多哲學。其中包含的哲學家非常多，派別也極為複雜。歐陸哲學常以不同角度批判現代世界，認為這是一種特別的，卻不是唯一正確的世界觀，只滿足於這些會讓人變得不自由或不完整。

　　其中十九世紀又被稱為「浪漫主義」的世紀，反對啟蒙運動一味追求理性與知識的進步。歐陸哲學常以歷史的角度分析現代世界，發現其中的問題與不公正。它們對科學抱持戒心，反而與文學、藝術、宗教這些領域更為親近。

　　第二支相對單純的傳統是「分析哲學」，因主要盛行於英美又稱「英美哲學」，它在十九世紀只有極少數的先驅，但在二十世紀初迅速興起。分析哲學因形式邏輯的出世而誕生，形式邏輯是種能把複雜的思想拆解為一個個簡單語句的工具。分析哲學醉心於運用邏輯拆解分析的技術，喜歡把抽象複雜的哲學表現為簡單的想法或論證。甚至連與邏輯較遠的科目，也致力於這種化繁為簡，追求明晰的思考習慣。

　　分析哲學對「科學」多半不抱敵意，反而認為揭開宇宙真相的任務不在哲學，而在科學的肩膀上。他們對現代世界觀的接受度較高，推崇理性與科學，認為傳統的哲學問題能用邏輯分析解決或消失。比起鑽研傳統經典，分析哲學更喜歡尋找常識中的哲學概念或問題。他們可能更接近於十八世紀的啟蒙哲學。

　　追求思考清晰的分析哲學類似於「教育家」，追求徹底解放者接近於「革命者」，其實這兩種身分並不互斥，蘇格拉底就同時擁有這兩種特質。但他們也可能在細節上衝突，教育家希望人接受已發現的事實，革命者鼓吹推翻成見。現實上到底該接受哪邊的意見，得斟酌細節，並沒有固定不變的答案。

　　這是哲學旅行的最後一個大站，因為時間太近，相對能參考的哲學史比較少。但我們目前也只是做初步的介紹，細節還需要許多真正的哲學專家深入解析。❻❶

---

❻❶　威 281–283，牛 253 與 311，羅（下）263–275，鄔 495–500 與 555–558。

讀後小測驗

1.現代哲學分裂的主因是？

　A.過去哲學的失敗　　　　　　B.宗教信仰的衝突

　C.現代世界的出現　　　　　　D.國際戰爭的結果

2.以下對「歐陸哲學」的描述，何者為「非」？

　A.包含的哲學家比較多，派別也比較複雜

　B.在十九世紀只有極少數的先驅者，二十世紀初才興盛

　C. 常以各種角度批判科學與工業化的現代世界

　D.認為只滿足於現代世界會讓人的精神變得不自由或不完整

3.十九世紀又被稱為？

　A.浪漫主義的世紀　　　　　　B.寶可夢的世紀

　C.理性主義的世紀　　　　　　D.啟蒙主義的世紀

4.以下對「分析哲學」的描述，何者為「非」？

　A.在十九世紀只有極少數的先驅者，如彌爾或弗列格，但在二十世紀初

　　迅速興起

　B.主要因形式邏輯的出現而興盛

　C.分析哲學對科學多半不抱敵意，認為揭開宇宙真相的任務不在哲學，

　　而在科學的肩膀上

　D.他們是十九世紀浪漫主義的直接繼承者

讀後小測驗

5.你對身處的現代世界滿意嗎？你覺得是不是有需要改進的地方呢？

你在哪裡聽過「浪漫主義」這個詞彙呢？

你有看過故事主角是老年人的影音或文藝作品嗎？

你覺得這種作品多嗎？

你覺得感覺是不是比理性要來得更重要？為什麼？

62 將世界浪漫化：浪漫主義

在電影或故事中，有些主角足智多謀或聰明過人，例如諸葛亮或福爾摩斯，但更多主角是年輕、熱情、充滿生命力，例如海賊王魯夫或蠟筆小新。德國浪漫主義文豪歌德 (Johann Wolfgang von Goethe) 有句話：「**所有理論都是灰色的，生命的樹常青。**」就是在對比人身上的「生命力」跟「理性」（也可以想像為人身上的智力與活力）。

浪漫主義本來是以文學與音樂為主的文化運動，很快延燒到哲學上來。浪漫主義的主調是對「生命力」的歌頌，歌頌著青春、活力、熱情以及形體的美。比起理性思考，浪漫主義偏好感覺，因為這些才是「生命力」的展現。

想像一位俊美的貧窮青年跟一位有錢商人同時向一位女子求愛。有錢商人代表「做打算的理性」，俊美貧窮青年代表「浪漫的感性」。小姐在幾番掙扎後忠於感覺地選擇了青年，最後卻發現，青年原來是某高貴的王子喬裝而成。跟著「感覺」讓你得到的遠超過「理性」算計，這就是浪漫主義的完美結局。

盧梭是浪漫主義的先鋒。他歌頌自然，厭惡文明，認為感覺更高於理性。他崇拜的自由的、高貴的野蠻人正是生命力強大的展現。

歌德《少年維特的煩惱》這本小說敘述一個在情感的淹沒下，像得了熱病一樣因為「生病」而「自殺」的少年。富有強烈情感的人格更能代表浪漫主義的精神。

席勒 (Johann Christoph Friedrich von Schiller) 也是德國浪漫主義重要作家，他厭惡工業化帶來的現代世界，認為分工增加產能的思考

習慣會讓人遠離真正的美好與幸福。他認為人若缺乏對美的感受無法成為真正的人，批評高唱理性，卻失去了生命力的現代世界。

諾瓦利斯 （Novalis，原名 Georg Philipp Friedrich Freiherr von Hardenberg）是浪漫主義詩人與哲學家。他也批評啟蒙與工業化的世界將變得全然無趣，追求感覺與驚奇的眼光。他說：「**將世界浪漫化，讓我們體察世界的魔幻、神祕與驚奇；打開感官去把平凡視作非凡，把熟悉視作陌生，把世俗視作神聖，把有限視作無限。**」

也有些浪漫主義者選擇厭棄現實，懷念自然世界、逝去的古代或嚮往異文化。英國詩人華茲渥斯 (William Wordsworth) 與柯勒律治 (Samuel Taylor Coleridge) 是英國浪漫主義文學的代表。他們都致力於緬懷純樸、美好、充滿生命力的過去或遠方。

詩人拜倫 (George Gordon Byron) 與雪萊 (Percy Bysshe Shelley) 以放浪的生活實踐浪漫主義，以對感覺的極度推崇來反對理性，即使違背世俗倫理也不在乎。雨果 (Victor Marie Hugo) 則是法國浪漫主義文學的領導者，全才的他在詩歌、小說、戲劇等領域都有偉大的作品。當雨果逝世的時候，全歐洲共有逾兩百萬人來參加國葬。

以「生命力」為主角，浪漫主義影響了後世的思潮。十九世紀以後有許多以理性為敵的哲學，如齊克果，或頌讚生命力的哲學，如柏格森，多少都受浪漫主義的影響。直到今天，對年輕的、美好的生命力的頌讚仍是現代娛樂的主流，不斷流傳延續。 **❷**

---

❷ 牛 253 與 436–437，羅（下）213–225，傅 266–268。

讀後小測驗

1. 「所有理論都是灰色的，生命的樹常青。」就是在對比人身上的？

　　A.理性與德性　　　　　　　　B.左鼻孔與右鼻孔

　　C.神性與人性　　　　　　　　D.生命力與理性

2. 浪漫主義的主調是對何者的歌頌？

　　A.信仰　　　　　B.智慧　　　　　C.生命力　　　　　D.理解力

3. 哪一位哲學家提出應該要將世界「浪漫化」？

　　A.歌德　　　　　B.席勒　　　　　C.諾瓦利斯　　　　D.雪萊

4. 以下何者「不是」浪漫主義對後世的影響？

　　A.促成了民族詩歌的研究

　　B.刺激了近代民族國家的誕生

　　C.促進了批評理性或頌讚生命力哲學的誕生

　　D.促進了理性主義的復興

5. 人身上的「生命力」跟「理性」，你自己比較喜歡哪一個呢？原因是
　　什麼？

　　--

　　--

　　--

　　--

　　--

你有聽過「民族國家」嗎？那是什麼意思？
你覺得臺灣算是一個民族國家嗎？說說看你的理由。
民族國家對於自我認同有莫大的幫助，
你覺得有沒有「副作用」？

63 為民族的復興而戰：民族主義與民族國家

柏拉圖《理想國》有句話：「**你們原是一家人，但神把你們造成不同的人。**」這話也能代表「民族主義」的精神。人類是社會的動物，但這不代表人必然愛著所屬的社會，民族主義是種「社會接著劑」，把人們牢固為彼此認同的群體。

民族主義是一個國家的群體感覺到彼此為一體、國民同命運、共呼吸的情感。其實這種情感許多不同的時代地區都有，本篇要談的是十九世紀初的歐洲掀起的民族主義與民族國家的浪潮。

法國大革命展現了人民的力量，歐洲各國皇室為了平息革命，結成同盟五度圍剿法國。前兩次敗於革命軍，後三次敗於拿破崙，拿破崙在十九世紀初席捲整個歐洲。雖然拿破崙以皇帝之姿終結了大革命，但擁護新法律的他仍被視為是大革命的兒子。他以法國為中心建立了歐洲帝國，法國以外的國家自然受到不公平的待遇。拿破崙給歐洲的啟示是：一、人民可以團結起來建立強大的國家；二、任何外國勢力的統治都是不應該的。

「民族國家」是在這種情勢下由一群平等團結的人民建立的國家。在封建時代，戰爭與國家都是貴族的事，與平民百姓關係不大。即使交了稅，人民依然可能不清楚自己是法國人還是義大利人。工業革命以後拿起武器的人民能組織起龐大的軍隊，展現空前的力量。軍隊除了有人，還要有信念，民族主義開始流行。

安德森 (Benedict Anderson) 在《想像的共同體》中點出，民族主義出現於打倒宗教的啟蒙運動之後。它取代了舊時代的宗教成為新時

代的價值觀：民族主義告訴你你是誰，你該過怎樣的生活，讓你認同所屬的社會，還讓你把這些傳承給你的孩子。民族主義就像是國家概念的宗教化，國家變成了信仰的對象。

　　安德森認為民族主義特別依賴於「語言」，有相同語言的人很容易因溝通互相認同，想像彼此是休戚與共的同胞。浪漫主義的文學此時又發揮了巧妙的作用，一個有歌德、拜倫或雨果的民族是很容易以此為傲的。格林兄弟編訂的《格林童話》與德語辭典也有助於建立說德文的統一國家。民族詩歌、戲劇、神話的研究不經意地建立人對民族生命的認同，也因此民族國家致力於國民教育，這對它的統治有許多好處。

　　民族主義與民族國家就這樣彼此互相支持著。民族國家對國內推行大致平等的法律，建立同胞感，贏得人民支持，對外則要進行防衛與抵抗。國民常把自己的國家想像為一個巨人，霍布斯的巨靈誕生了，只是結合關鍵不是理性契約，而是同胞的情感。

　　啟蒙運動、浪漫主義與拿破崙三者天衣無縫地促成了十九世紀民族國家的誕生，甚至延燒到拉丁美洲乃至於亞洲，這也是世間難以預測的造化。❻

---

❻　牛 436-437；《想像的共同體：民族主義的起源與散布》，Benedict Anderson 著，吳叡人譯，時報出版社。前三章。

讀後小測驗

1.「民族主義」是一種？

　　A.一種理性建構的契約　　　　B.一套精確的法律

　　C.國家的人感覺彼此一體的情感　　D.一套組織國家的法典

2.「民族國家」是一種？

　　A.由一群平等且彼此認同的人民建立的國家

　　B.由一群有德性的貴族建立的國家

　　C.由同一個宗教的信徒建立的國家

　　D.由一群有魔法天賦的人建立的國家

3.安德森認為民族主義依賴於何者？

　　A.哲學　　　　B.語言　　　　C.金錢　　　　D.宗教

4.浪漫主義對民族主義的關係是？

　　A.有幫助　　　B.沒有幫助　　C.有衝突　　　D.毫無關連

5.說同一種語言的人建立的國家會不會對少數語言，或少數族群不平等呢？說說你的看法。

你有過後悔到不行的事情嗎？

如果沒有經歷這些，你還會是今天的你嗎？

從現在往回頭看，你會覺得主張地心說的那些人是錯的嗎？

還是其實也可以說是對的呢？

如果過去的理論是錯的，為什麼我們還要學錯誤的理論呢？

64 哲學關心的是真理，而真理是全體：黑格爾（上）

汽車大王亨利・福特說：「**歷史就是該死的事情一個接一個來。**」這把歷史看成一隊零散事件的遊行隊伍，除了先後毫無道理可言。哲學家黑格爾 (Georg Wilhelm Friedrich Hegel) 看法完全不同，他認為真正的哲學需要發現與理解人類（乃至於宇宙）歷史的真正意義。

自古以來人類不斷發展著。我們比古代人過得更好，很重要一點是我們比古人更「理性」。人類能發現事物運動的法則，建立公平互惠的法律。彷彿亞當・斯密所說，冥冥之中有一隻看不見的手，讓人類朝著更理性的未來前進。

這隻看不見的手，我們先姑且稱為「精神」。其實對黑格爾來說，我們甚至可以用「神」來稱呼祂，但又不是宗教意義上的神，更像是「理想」。精神引領著人類越來越文明，越來越理性，可是又不是常識那種「發現事實」的理性，光是發現事實不足以解釋文明的發展性。精神的理性是一種「創造性」。

科學與法律都是精神的創造。舉凡一切文明：藝術、法律、倫理、國家沒有一件不是精神的創造物。精神在歷史中不斷引領人創造發展，事實上所有目前可靠的學問都只是精神在「現階段」的造物，不代表「最後」的真實。黑格爾把了解精神當作哲學最重要的任務，若要了解精神，不能只停留在某一時代，也不能直接跳到最後，必須掌握發展的過程，了解精神的「歷史」。

思想有其歷史，只是不深思的習慣讓我們有了結果便拋棄了歷史。《聖經》有個「浪子回頭」的故事，說一個人年少輕狂，與家人關係不睦，分走了家產後離家，等荒唐一陣被騙光家產，淪落街頭時才想

起家人的愛，後悔回家。

　　他如果一開始不要離家不就好了？可是你想想，如果沒有經歷這段痛苦，他會服氣嗎？他會跟重新回家後一樣珍惜家人嗎？很困難吧？他的珍惜與後悔荒唐是分不開的。光有結果沒有過程，人其實學不到東西。

　　啟蒙的哲學家認為人類過去受制於傳統與迷信，這些是讓人不自由的監牢，我們應該拋棄迷信擁抱理性。黑格爾卻認為一切的理論或傳統都是對的，至少在被創造出的「那個時代」是對的。他們是人類發展的樓梯，踩著這些才能往上爬，沒有對錯誤的悔悟，也沒有真正的進步。

　　精神歷史是一個思想跟著一個思想，每個思想同時是過去的結果與未來的原因。每種思想都可以視為是不斷創造的精神（神）的一部分。每一個時代都像瞎子摸象一樣只摸著真理的一小部分，不是誰對誰錯，而是加總起來，才是「真理」。**「哲學關心的是真理，而真理是全體。」**

　　所以對黑格爾而言，一切都是錯的，但也都是對的。從歷史創造的角度思考，才能看見全局。不了解精神的歷史性，就等於對哲學一無所知。他還說不同的精神領域代表精神發展的順序，比方說藝術是絕對精神的前期，中期是宗教，後期是哲學。這些細節很多，特別在與自然科學相關的部分，有不少牽強之處，這也讓反對他的人攻擊他說的全是胡說八道。

　　不管如何黑格爾在今天也成為了歷史的一部分。他的理論既是理性的，又是富創造力的，至少在這點上，他是他自己的模範。❻❹

---

❻❹　柯（七）217–279，牛 262–270，批（中）855–911，羅（下）275–286，梯 505–520，公 183–189，傅 241–246，鄔 475–493。

讀後小測驗

1. 我們比古代人過得更好，很重要一點是我們比古人更為？

　　A.有錢　　　　　B.理性　　　　　C.虔誠　　　　　D.互助

2. 以下對黑格爾「精神」的描述何者錯誤？

　　A.精神引領人類變得越來越文明，越來越理性

　　B.精神就等於人類的靈魂

　　C.精神不只是一般人想像那種發現事實的理性

　　D.科學跟法律都是精神的創造物

3. 所有目前可靠的學問都只是精神在「現階段」的造物，要了解精神必須理解精神活動的？

　　A.真理　　　　　B.用處　　　　　C.法力值　　　　　D.歷史

4. 黑格爾的觀點中所謂「真理」是？

　　A.符合事實的信念　　　　　　　B.符合科學的信念

　　C.有用的信念　　　　　　　　　D.精神創造的整體

5. 有些情況跳過過程你便很難學到東西的，你有遇過嗎？還是你可以想像這樣的情況呢？

你覺得為了救群體而犧牲自己，是聰明呢？還是愚蠢呢？

還是你另有其他看法？

你覺得你有辦法脫離社會而生長嗎？

還是說你一定得生活在群體之中呢？

你覺得戰爭有可能是對的嗎？還是只要是戰爭一定就是錯的呢？

65 國家是現實的神：黑格爾（下）

不知道各位是否看過愛國電影，想像一個個士兵在絕望中奮勇向前，在砲火中領便當出場。電影不一定是真的，但歷史上這類犧牲卻不乏真實。這些人當然不全是笨蛋，為什麼他們會願意犧牲自己呢？

洛克的政治哲學認為自然的個人原本就擁有權利，國家是為了保障個人的天賦人權而存在的，可以說在價值上是個人優先於國家。黑格爾對國家的看法則與愛國電影相似，與洛克相反，認為國家的價值更優先於個人。

人類嬰兒非常柔弱，必須依靠家庭才能平安長大，人類天生就必須在群體之中成長，與他人一起生活。家庭是具體而微的社會，家庭成員是一體的，彼此因愛而結合，大家共有財產，互相照顧。

黑格爾觀察到平靜久了自然會生出相反的力量。人在家庭中久了反而更想完成自己的生命計畫，想「獨立」成為「個體」。然而，即使個體再怎麼獨立也不可能拋棄社會遁入山林，反而是他會以個體的身分重新加入社會，與其他人在經濟上互助合作，組成市民社會。

市民社會是種經濟合作體，人各憑本事賺錢生活。然而合作久了，難免累積一些糾紛。人越來越需要一些所有人共同遵守的法律、警察、公共建設等，因著這種推力人們開始建立起「國家」。

但國家並不會「替代掉」家庭或市民社會，反而是透過法律來保護這些組織，讓這些組織的功能更充分發揮。「國家」是人類集體組織發展的最後一環，祂能維持秩序保護自由，制定法律追求公平，賞善罰惡彰顯正義，祂還能透過大型公共建設，發動戰爭顯示自己的力量。

黑格爾稱國家為「**現實的神**」。

人生於群體，長於群體，也因貢獻群體得到滿足與榮耀。如果人活著是為了創造自我，這種創造也不會完全離開人群。人類為國家奉獻犧牲並不愚蠢，這也是為了創造，加入建造國家的偉大事業，完成個體生命的意義。

黑格爾的國家是十九世紀的「民族國家」，對他而言這似乎是理所當然的事實，但依他對真理的看法好像應該更推崇國際性組織才對。他對戰爭的看法也很現實，他並沒有用理想主義的角度主張永遠和平，反而認為國與國之間的戰爭很正常，戰爭並不是沒有好處。

突出國家的重要性使黑格爾的哲學益發被「官方」欣賞，適合當國民教育的教材。不過政治並不是他哲學的終點。黑格爾認為理性發展最後會讓人走上沉思之路，站在理性頂端的並不是政治家，而是哲學家，理解一切，理解歷史，理解自身命運的「哲學家」。

不過這種老王賣瓜還是適可而止吧。記得黑格爾最有趣的地方就好，我們得繼續旅行了。**65**

---

65 柯（七）279–304，牛 440–443，羅（下）286–294，梯 505–520，傅 247–248。

～～～～ 讀後小測驗 ～～～～

1. 人進入的第一個群體是？

A.醫院　　　　B.森林　　　　C.國家　　　　D.家庭

2. 人們會以一個獨立個體的身分，與其他人在經濟上合作，組成？

A.市民社會　　B.家庭　　　　C.城邦國家　　D.聯合國

3. 黑格爾稱國家為現實的？

A.熊　　　　　B.神　　　　　C.錢　　　　　D.海綿寶寶

4. 黑格爾所謂的「國家」通常指的是？

A.神權國家　　B.跨民族國家　C.聯合國　　　D.民族國家

5. 你覺得有任何你願意犧牲奉獻的群體或組織嗎？還是你覺得這是不

可能的呢？

- -

- -

- -

- -

- -

- -

- -

- -

- -

你知道什麼是欲望嗎？你有什麼樣的欲望？

你有過好不容易達成了一個目標，

又立刻想一個新的目標繼續的經驗嗎？

你覺得這樣不滿足是不是永無止盡呢？

這世界上真的有無欲無求的人嗎？說說看你的想法。

66 幸福不過是一場夢，不幸才是真的：叔本華

「幸福不過是一場夢，不幸才是真的。」這個句子清楚的風格與思想來自於德國悲觀主義哲學家叔本華 (Arthur Schopenhauer)。

叔本華非常討厭黑格爾，他說：「**黑格爾、一個平庸、無知、令人討厭噁心的江湖騙子，大膽妄為，放肆無恥到了登峰造極、空前絕後的境地。**」他的哲學跟他罵黑格爾的語調一樣，極度厭世，卻簡潔又富有力量。

叔本華是厭世的哲學家，他哲學的核心是斷言日常所見一切的虛假。「**世界是我的表象。**」表象就是「看上去」的樣子。他認為人理智所認識的一切，就如康德所言，只是理智創造出來的「樣子」。表象背後真正存在的主角，則是他所謂的「意志」(will)。

「**世界是意志，哲學多年尋覓才得到這個想法，了解歷史的人能理解這個發現就像是要發現點金石一樣不可能。**」

過去哲學家所謂「意志」指的是人透過思考抉擇的能力，叔本華完全不同。他所謂「意志」根本不抉擇，而是一種「要」的力量，更接近於「欲望」。人有可能直接意識到欲望，例如食欲、色欲或貪財，也可能在沒有意識的情況下被欲望在背後主宰操縱。

「**人們看起來似乎為前面的『什麼』所吸引，其實他是被後頭的『什麼』推向前。**」

意識只是人的意志操作的傀儡。叔本華或許是從「性欲」的力量思考到這點，人常被性欲主宰卻全不自知。作為佛洛伊德的先驅，他認為精神的真正動力是欲望（用他的話來說是「意志」，但為了閱讀方

便會混合使用）。人自以為能思考，認為是自己定好了目標，但在背後真正做決定卻是不可見的意志。

叔本華斷定被意志主宰的生命極其悲慘。人生是痛苦的，人類生命不可能擺脫欲望，欲望就是種不滿足的痛苦，想要食物產生了飢餓的痛苦、想喝水產生了乾渴的痛苦、圖安逸產生了勞累的痛苦、好色產生了跟感情或性相關的苦。

即使欲望滿足也無濟於事。「**熱情即使獲得了滿足，帶來的很少是幸福，而多半是不幸。**」滿足只是痛苦的缺乏，是暫時性的。人只能草草應付，同時投入永無安寧的明天。

即便人真能運氣好到長期沒有缺乏之苦，仍會面臨無可避免的「無聊」。「**人生有如一鐘擺，在痛苦與無聊間來回擺盪。**」

不過叔本華還是提出了在無望現實中兩條離苦之路。一者是暫時的，但比較容易。一者是根本的，但極為困難。

容易之路是藝術欣賞。在欣賞美好的事物時，人會因感動而暫時忘記一切，讓人暫時從欲望的奴役中解放。叔本華認為各種藝術中最高者是「音樂」，音樂最接近意志本身。音樂能迅速地讓我們轉換心情，甚至感覺變成另一個人。

徹底的拯救則是否定一切意志，止息一切欲望，拯救自己於涅槃之中。這是一條困難的禁欲修行之路，連叔本華自己也走得很少。

勇敢的叔本華站在人生的畫布前解釋生命的意義，生命充滿了痛苦而且終將虛無，不管聽眾接受與否，他都已經完成了自身的任務。❻❻

---

❻❻　柯（七）360–396，威 283–328，牛 275–281，批（中）975–1022，羅（下）303–311，梯 528–534，公 191–197，傅 250–252。引文還參考威廉・魏施德原著，李文潮譯，《通向哲學的後樓梯》，民主與建設出版社，225 頁。

讀後小測驗

1.叔本華認為真正主宰一切的是？

　　A.科學定律　　　　B.壞人　　　　　C.意志　　　　　D.神明

2.叔本華認為生命的本質是？

　　A.快樂　　　　　　B.痛苦　　　　　C.信仰　　　　　D.知識

3.叔本華認為人生有如一鐘擺，在哪兩者之間來回擺盪？

　　A.痛苦與無聊　　B.知識與信仰　　C.前世與來世　　D.昨天與明天

4.雖然無望，叔本華還是提出了在無望現實中兩條離苦之路，那是？

　　A.靜默與祈禱　　B.睡覺與吃飯　　C.思考與寫作　　D.音樂與禁欲

5.叔本華對人生意義的解釋是悲觀的，你同意嗎？你能想出一種不痛
　　苦又不無聊的經歷嗎？

如果你跟班上大多數同學意見不一樣，你會勇敢說出來嗎？
你覺得哲學應該多關注世界知識，還是個人的幸福呢？
如果要你比喻你的人生，你會覺得人生像是什麼呢？

所有讓人忘記自我的事物，都是邪惡到極點的事物：齊克果

目前為止聽了不少別出心裁的理論，會不會有人覺得，理論好是好，聰明歸聰明，可是若對實際生活沒有用處，也只是個精美的擺設。如果你這樣想，齊克果剛好跟你一樣。

丹麥作家齊克果 (Søren Aabye Kierkegaard) 的著作充滿對宗教、思想、存在與人生的討論。他是位基督教的護教者與神學家，但想法特別，見解犀利，值得任何喜好思考的人參觀訪問。

齊克果哲學的第一鎗是一種對「純理論」的不滿。認為思辨哲學對人毫無意義，他說黑格爾的哲學是一棟華廈，他自己卻住在隔壁的小屋生活，這不叫「真正的思考」。

齊克果以為「真正的思考」不該是遙遠地觀看世界，得出毫無偏見的結論，反而應該專注在每個人的「個人幸福」上。**你們真正需要的是在心中清楚什麼是你該去做的，而不是什麼是你該知道的。**思考必須對個人的存在與行動有意義，對人的抉擇，更精準地說是對思考「人生抉擇」有意義。

齊克果很敏銳地發現，在人生抉擇這件事上，人們反而懼於思考。常見的原因是群眾壓力，人類頻繁的社會生活使得人更害怕自己，害怕與眾不同會得罪群體。他指責**群體這概念本身即為非真理**，群體讓個人隱沒，喪失方向感，不負責任。

這種壓力使人們停止思考自己的人生，逃避創造自我的責任，他把這稱為一種會傳染的「絕症」，因為它殺死了真正的「人」。最後，現代人的一生就像個喝醉的農夫駕著馬車回家，表面上看來是農夫在

駕車，其實是那隻顫顫巍巍的老馬，憑著退化的記憶找尋歸途。

對齊克果來說，思考應該讓人越來越成為「個人」，一個能意識到自我，能創造自我的存在。**「太多社交甚至太多知識都會使人忘記自我，所有讓人忘記自我的事物，都是邪惡到極點的事物。」**他所謂思考是一種創造自我的力量。

在自我創造的人生路上，齊克果個人認為最完美的歸途是「信仰」。他把人生目標分為三類，首先是被感覺、情緒衝動所統治的人，追求快樂滿足，像個浪蕩子，這種人只是被封閉在欲望世界，不自由又無知。好一點的人追求嚴肅的、理性的，逃開了欲望的枷鎖，做點有意義的事情，不過這樣的人在世上無依無靠，因太過堅強而自我犧牲，不是過於驕傲就是過於內疚。

齊克果認為只有在「信仰」中才是完全沒有遺憾的，人意識到自身的有限，又因此而嚮往無限者。人若無法與神建立關係將永遠是不完滿的。

即便不論信仰，齊克果對人生的觀察還是精采動人的。**「真理就是，帶著無限激情來選擇一件客觀上不確定之事物，這樣的冒險。」**他把人生抉擇看成是一場冒險，又把冒險說成是一種「真理」，用它來批評那些對人生無益的純理論。齊克果所謂「真理」是種「真理化」的態度，除了信仰者，也在那些追夢者、奮鬥努力的人身上展現出來。能擁有這樣的真理，的確是非常幸福的。

齊克果應該已經找到了他所謂的真理。你覺得你的「真理」又在哪裡呢？ ❻❼

---

❻❼ 柯（八）459–480，牛286–289，公217–222，傅275–277，鄔521–527

讀後小測驗

1. 齊克果以為「真正的思考」應該與什麼相關？

　　A.真理　　　　　B.皮卡丘　　　　C.個人的幸福　　　D.所有人的幸福

2. 齊克果以為在關於人生抉擇上，人們反而懼於思考，因為？

　　A.他們不想要幸福　　　　　　　B.他們信仰宗教

　　C.人生本來就不需要思考　　　　D.他們懼於群眾的壓力

3. 不過在自我創造的人生路上，齊克果認為最完美的歸途是？

　　A.信仰　　　　　B.享樂　　　　　C.遊戲　　　　　D.道德

4. 齊克果所謂「真理」也可以被稱之為一種？

　　A.永恆　　　　　B.變化　　　　　C.冒險　　　　　D.自然

5. 不過在「你」自我創造的人生路上，目前的你認為最完美的歸途是

　　什麼呢？

你有崇拜過偶像嗎？說說看你崇拜的是誰，以及為什麼崇拜。

你覺得神的形象是什麼？祂有哪些特質呢？

你會不會覺得也許神其實是人創造的？

68 人必然要在神之中發現自己：費爾巴哈

　　你曾有崇拜偶像的經驗嗎？我指的不只是歌唱偶像，而是你在讀故事，或在口耳相傳中突然覺得某個現在、過去或是虛構的人很厲害，你很喜歡，例如有人崇拜夏洛克・福爾摩斯，有人崇拜三國的呂布或張飛。

　　再想想「崇拜」這回事，可能是你認為這些人身上有令你羨慕的特質，而偶像正是這種特質的完美代表。德國哲學家費爾巴哈(Ludwig Andreas von Feuerbach) 認為「神」就是這樣被人類創造出來的。

　　雖然《聖經》說神照著自己的形象創造了人，費爾巴哈認為是人照著自己的形象創造了神，神實在太像人了。人想像自己身上的各種特質，另一個存在也有，而且更多、更好，甚至無限，這就是「神」。

　　但這種想像不只是純粹憑空捏造，我們並沒有想像神手腳更多或運動力強，歐洲人熟悉的神是精神性的，是永恆的精神體。費爾巴哈認為這是因為神是是人類「精神」的夢想。

　　講到「精神」也許有人會想費爾巴哈是不是相信有靈魂啊？不必如此。費爾巴哈的「精神」指的是人能思考、有情感、有自我意識這些能力。說人有這些能力不等於說這些能力來自於非物質的「靈魂」。費爾巴哈反而願意接受人類精神最終而言也是物質，但這並不妨礙人類在意識到自己具有這些能力後，想去崇拜它。

　　神被賦予的是精神最重要、最理想的特質。神被想像為「全知」，那是因為人有理智、有知識，所以想像有無限理智的神洞悉明瞭一切。

因為人有道德感，希望世界能公平完美，現實世界卻非如此，我們便想像「全善」的神，能判別責罰一切。

除了知識與善惡，人還有愛與憐憫的情感，把這些理想化催生出包容一切，充滿愛與憐憫的神。神的「全知」、「全善」、「博愛」剛好對應於人的知識、道德與情感，我們想像人的精神發展至完美，創造出「神」。神不是憑空捏造，而是對完美的追求。人透過自己創造的神，來認識自己。人必然要在神之中發現自己，在自己之中發現神。

誰認識了「神」，也就認識了「人」。任何把「神」與「人」分開的想法，都不是宗教，而是迷信。盲目相信超自然神蹟，或沉迷於宗教儀式、獻祭、追求永生，全都是誤入歧途的迷信，迷信的結果必然是愚蠢與不道德。

費爾巴哈的觀點讓他被貼上了「無神論」的標籤。後來的馬克思主義利用這種說法，反而強調宗教的虛幻，說宗教是人民的鴉片，當以來世獎賞安慰信眾時，弱化了人們反抗威權，追求更好生活的動力。這其實算是新詮釋了，宗教被馬克思主義視為是政治解放的敵人，時至今日，共產國家對宗教依然非常不友善。❻❽

---

❻❽ 柯（八）404–412；傅 253–255；鄔 514–516。

讀後小測驗

1.費爾巴哈認為人與神之間的關係應該是？

    A.神照著自己的形象造了人   B.神照著惡魔的形象造了人

    C.人照著自己的形象造了神   D.神照著寶可夢的形象造了人

2.神被賦予的都是人類精神最理想性的哪些特質？

    A.全智、全仁、全勇   B.全知、全善、博愛

    C.全靈、全魂、全體   D.全知、全情、全意

3.宗教的主角最終而言是？

    A.人的知識   B.海綿寶寶   C.人自己   D.宇宙的全體

4.馬克思主義認為宗教是？

    A.完善的知識   B.精神的鴉片   C.完整的政體   D.死後的去向

5.費爾巴哈對宗教的看法你覺得對嗎？你覺得這能不能用在其他領域的偶像崇拜上呢？

你聽過「共產主義」嗎？你對「共產主義」的印象如何呢？
工作過程中花最多心力的人，最後領到的報酬卻不是最多的，
你會不會覺得這很不公平？
如果要你為了大家也為了自己而勞動，你願意嗎？
說說看你的理由。

69 生活就像海洋，只有意志堅強者，才能到達彼岸：馬克思（上）

因為政治，馬克思 (Karl Marx) 在哲學家中享有特別高的知名度。今日世界的共產組織源自於 1917 年列寧領導的俄國革命，發生在馬克思死後三十多年。馬克思並沒有在實質上，而只是在名義上領導了共產國際。

馬克思是猶太裔的德國人，他一生都是政治異議人士，社會運動分子，被自己的母國驅逐，以無國籍身分死去。他的經濟狀況不佳，有近一半的孩子無法長大，除了拼命寫稿，還需要好友恩格斯的接濟，但馬克思的注意力卻完全落在當時工人的處境上。

馬克思時代資本主義正急速發展，歐洲各地湧出各種工廠。拜分工之賜，工廠裡每一個人的工作都相對簡單，但為了大量生產，工作時間長達十四小時。工廠環境通常很惡劣，有害健康，又常有受傷的風險。還有許多的婦女與兒童在其中。

照理來說，工作過程中花最多心力的人，應該領到最多的報酬，這才公平。不過我們都很清楚自工業化以來這個世界就不是這麼一回事。當時工廠老闆擁有工廠產品所有的利潤，但工廠只用很少的薪水聘僱工人，讓他們只能為撐到明天而繼續活著。

馬克思把這種不工作就無法存活的人稱為「無產階級」。馬克思有個前輩叫歐文，他在蘇格蘭蓋了間工廠，親自實驗共產主義，但結果沒有受到重視。馬克思則是一面投身社運，一面寫作深化共產主義的理論，期待能改變世界。

依馬克思的分析，工人面對的問題不只是窮困，他們在世界中已經被折磨得根本不像人了。馬克思認為人本來是一個願意為了社會而

努力的生產者：「**人只有為自己同時代的人完善，為他們的幸福工作，才能達到自身的完善。**」人類本來是樂於生產，喜歡服務他人的。

但這種美好天性在現代世界中卻無法被成全，這裡有千絲萬縷的問題，但馬克思把矛頭指向人們最不願意改變的「私有財產制」之上。就是金錢讓人們的生產與創造失去了尊嚴，讓人類社會失去互助與公平，人原本是喜歡創造與分享，懂得公平與正義。後來卻為了賺錢，越來越為達目的不擇手段。金錢讓我們成了奴隸，人們為了錢而偷竊、搶劫、綁架、殺害同類，破壞了公平與一切美好關係。貧窮人因金錢而痛苦，有錢人因金錢而無情，它的存在帶來了人的罪惡與不自由。

「**共產黨人可以把自己的理論概括為一句話：消滅私有制。**」馬克思從歷史分析中斷言，人類遲早會意識到這一點而覺醒，邁向棄絕私有財產的共產世界。資本主義的下一步是社會主義，意思是給勞工更好的待遇，促進社會均富，但最終有一天邁向美好的共產世界。

讓世界邁向共產的關鍵是無產階級。「**無產階級的運動是絕大多數人的、並為絕大多數人謀利益的獨立運動。**」資本家不會輕易放棄財產，無產階級應該起來「革命」，運用群眾的力量奪取政權，建立共產世界。

「**生活就像海洋，只有意志堅強者，才能到達彼岸。**」終其一生，馬克思既沒有建立共產世界，也沒有看到資本主義的末日。他在英國死去，雖然常有人怪他的共產主義造成了人類浩劫，在他墓上潑漆，但馬克思到死都是試圖改變世界的無產革命者，他沒有說一套做一套。**69**

69　柯（八）420–455，牛 271–275 與 452–456，羅（下）336–346，公 224–230，傅 256–258；鄔 516–518。

讀後小測驗

1. 以下關於馬克思的描述何者「錯誤」？

　A.馬克思是猶太裔的德國人

　B.馬克思領導了 1917 年的俄國革命

　C.馬克思是一個政治異議分子，社運分子

　D.馬克思最後在英國以無國籍者的身分死去

2. 馬克思把不工作就無法繼續存活的人稱為？

　A.資產階級　　　B.派大星階級　　　C.奴隸階級　　　D.無產階級

3. 共產黨人可以把自己的理論概括為？

　A.消滅海綿寶寶　B.消滅公有制　　　C.消滅奴隸制　　D.消滅私有制

4. 邁向共產世界的關鍵階級，就是？

　A.資產階級　　　B.工作階級　　　C.奴隸階級　　　D.無產階級

5. 你會不會覺得消滅私有制這種想法有點太極端了？想想看會有什麼

　好或不好的地方？

如果要你試圖描述人類歷史的話，你會怎麼說呢？

你有想過人類應該追求什麼樣的社會嗎？

你覺得有任何地方適合共產主義嗎？說說看你的理由。

70 我只知道一門唯一的科學，歷史學：馬克思（下）

有些人對馬克思主義的印象是，它把人的本性看得太好、太善良。人的惰性與私心難免，不可能放下一切，追求人人共做又共享的大同世界。

其實馬克思並不認為人的本性可以用「善」或「惡」這樣的詞來說，他反而認為人是「社會」的產物，人性是社會關係的加總。例如你可能是學生＋兒女＋社團幹部三種身分的加總，人並沒有一種內在的本性，人性與身處社會密不可分。但這樣他又是如何看出人該追求什麼樣的社會？

馬克思主義的核心是種斷言「世界歷史」的哲學。「**我只知道一門唯一的科學，歷史學。**」維科與黑格爾都注意到歷史的重要意義，馬克思更是如此，他對歷史的看法被稱為「**唯物辯證論**」。我們先解釋「唯物」的意思。

我們比古人活在更好的物質條件下，有多樣的食物，房子安全舒適。生產技術的改良讓人們得以享受更好的生活，馬克思把生產技術叫「下層結構」。他不贊成黑格爾以精神的發展或啟蒙哲學以理性解釋文明的進步，認為這些只是對特定政治團體有利。下層結構的改良，如能生產出更多糧食、房屋或武器才是真正的進步，這是他所謂「唯物」的意思，注意這與否定「靈魂」或「精神」的唯物主義不同，馬克思關心的是歷史的發展。

接著解釋「辯證」，馬克思所謂「辯證」是指「階級鬥爭」。他說：「**至今為止一切社會的歷史，都是階級鬥爭的歷史。**」「階級」是指具有相同工作或利益的群體。酒吧裡喝酒的藍領工人是同一個階級，知識分子是同一個階級，王公貴族也是同一個階級。不同的階級會搶占

生存資源與社會權力，雙方在臺上臺下，或明或暗處進行爭奪，有時一方勝利，有時同歸於盡，這就是「階級鬥爭」。

「唯物辯證論」是說人類的歷史就是不同階級搶奪生產資源，勝利者壓迫失敗者的過程，了解這點後我們就能看清，人類社會該往哪個方向走。在中世紀封建社會滅亡之後，資產階級誕生了，表面上推翻了王權，解放了所有人，實際上只是用新的壓迫方式替代了過去的威權。當今社會分裂為兩大對立的階級：資產階級（富人）和無產階級（工人）。

資產階級對無產階級的壓迫前一篇已經說了許多。依歷史發展看來，馬克思認為無產階級已經忍無可忍了，他們終將覺醒組織為社團，跨越國家組織為政黨，推翻資產階級，廢除私有財產，邁向共產社會。資本主義一手造出自己的掘墓人。資產階級的滅亡和無產階級的勝利是不可避免的。

馬克思是用歷史趨向來解釋人應該追求什麼樣的社會。馬克思主義與民族國家有一點很不同，他們以階級建立組織認同，號召全世界工人起來反抗資產階級。這是一種「世界主義」，就像基督教傳給一切人一樣。馬克思甚至認為「國家」也是階級壓迫的工具，要就要解放全世界的工人，這也是後來共產國際的理論基礎。

共產主義在第一次世界大戰後興起，第二次世界大戰後擴張勢力，成為地表兩大強權之一。在 1991 蘇聯解體後原本是崩解了，但隨著中國力量的崛起，局勢複雜難明。馬克思期望的共產世界並沒有到來，但幾乎所有資本主義國家都設法減緩貧富不均，馬克思指出的方向依然是改善現代世界的首要目標。❼⓿

---

❼⓿　柯（八）420–455，牛 271–275 與 452–456，羅（下）336–346，公 224–230，傅 260–262，鄔 516–518。

讀後小測驗

1.馬克思認為人的本性是？

A.社會關係的總和　　　　　B.性善

C.性惡　　　　　　　　　　D.性不一定

2.馬克思主義的核心是種斷言什麼的哲學？

A.幸福　　　B.希望　　　C.歷史　　　D.權力

3.至今為止一切社會的歷史，都是？

A.權貴統治的歷史　　　　　B.水之呼吸的歷史

C.安和樂利的歷史　　　　　D.階級鬥爭的歷史

4.當今時代社會分為哪兩大相互對立的階級？

A.貴族階級和無產階級　　　B.資產階級和無產階級

C.資產階級和有產階級　　　D.好人階級和壞人階級

5.你覺得「貧富不均」是人類該解決的問題，還是只是自然現象？你
覺得馬克思主義是不是太大驚小怪了？

猜猜看，什麼是「無政府主義」？是沒有政府的天下大亂嗎？

還是有其他可能呢？

你覺得人類可以不需要政府管理嗎？

你覺得有可能有替代政府組織的方法嗎？

71 擁有財產就是竊盜：無政府主義者

　　想像你身在宗教改革時代的歐洲，天主教會從耶穌傳給使徒後已經一千多年了，教會與社會密不可分。你能想像再建立一個獨立於天主教教會之外，但也是祈禱、證婚、讀《聖經》的組織嗎？你大概會說不可能，但「新教」辦到了。

　　在現代有個一樣不可能的任務，我希望你不要把它想像得太荒謬。十九世紀的無政府主義 (Anarchism) 認為總有一天人類會像拋棄奴隸制度一樣，把「政府」扔進歷史的垃圾桶。

　　無政府主義者認為人生而自由，不該受任何權威壓迫。人類在理性成熟之後就能理解人我分際，自由行動並承受自己行動的後果。然而任何形式的政府，只要握有權力，就有害於人的自由。他們反對任何形式的政府，認為政府應該越來越小，終究消失。

　　有人質疑沒有政府的社會如何能維持治安或解決衝突，無政府主義者認為人類本來就有解決這些問題的能力，只是在推給政府之後，連原有能力也失去了。其實「訴訟」不過是協調衝突，「治安」不過是防制犯罪，只要有先建立好的組織不用政府也能執行。

　　無政府主義者認為人們可以自由地簽訂契約，進行商品交易、維護秩序、投資建設、懲罰犯罪等，這些都可以用契約完成。另外，像水壩或道路的大型工程，小型團體也可以集結成中型團體，甚至更大的團體暫時合作。但這只是暫時性的，目標導向的，不具有永久權力。沒有政府人們依然能繼續生活，無政府的社會是人類發展必然的趨向。

　　無政府主義者起源也可以追溯到古代的犬儒學派，犬儒學派厭棄

一切文明，政府自然也不例外。近代的學者則有英國的葛德溫、法國的普魯東以及俄國的巴庫寧。

英國思想家葛德溫 (William Goldwen) 是早期的無政府主義者，被稱為「無政府之父」。他認為無政府狀態並不會比被專制統治更糟，前者只有暫時的混亂，後者卻是永久的奴役。他認為以權力控制只能帶來眼前的好處，好像你陪你的小孩寫功課一樣，人終究要自主獨立。

法國思想家普魯東 (Pierre-Joseph Proudhon) 抱持「財產就是竊盜」的驚人觀點。他反對累積財富的社會機制，人可以合法擁有自己勞動成果，但不能超過個人所需。無政府主義者除了反政府外也常有反財富，反資本主義的色彩，認為理想社會中財富與人的自由幸福無關。

俄國思想家巴庫寧 (Mikhail Bakunin) 是政治異議分子，加入波蘭起義以及國際工人運動。他認為人是絕對自由的，所有的權威，包括知識，對人類而言都只是暫時的、相對意義上可靠。他反對宗教、譴責財產也批評政府。因為廢除私有制，也被認為是共產式無政府主義代表。

在國際工人組織中，巴庫寧跟馬克思曾共事並有過衝突。馬克思主張利用國家的力量來達到共產理想，而巴庫寧則主張一種由下而上的自治式或聯邦式的組織方式。兩人不歡而散導致了這個組織的分裂。

無政府主義在十九世紀末至二十世紀初蓬勃發展。西班牙無政府主義聯盟參與了西班牙內戰，最後戰敗。但這並不代表這些想法永遠是不可行的。**❼**

---

❼ 牛 431–432。

讀後小測驗

1. 以下對無政府主義的描述，何者「不正確」？

    A. 他們認為人生而自由，不該受任何權威壓迫

    B. 他們認為任何形式的政府，只要握有權力，就會有害於人民的自由

    C. 他們認為政府的存在不可或缺

    D. 他們認為政府應該越來越小，終究消失

2. 有人質疑沒有政府的社會如何能維持治安或解決衝突，無政府主義的想法是？

    A. 他們認為人類原本有解決這些問題的能力，只是推給政府後，失去了而已

    B. 他們認為政府可以在檯面下運作

    C. 他們認為這些不需要解決，最好天下大亂

    D. 他們因此放棄了自己的主張

3. 無政府主義者認為人們進行商品交易、維護秩序、投資建設、懲罰犯罪等活動，這些都可以用何種方式來完成？

    A. 奴隸制度　　　B. 簽訂契約　　　C. 抽籤決定　　　D. 武力決定

4. 被稱為「無政府主義之父」的是？

    A. 比奇堡的派大星　　　　　B. 英國的葛德溫

    C. 法國的普魯東　　　　　　D. 俄國的巴庫寧

讀後小測驗

5.你覺得政府有可能不存在嗎？如果政府不存在，人類會不會在各方面都停止發展了呢？

你知道人類是如何出現在地球上的嗎？
你相信「演化論」嗎？或是你有別的看法？
你覺得人類的結局會是什麼呢？說說你的想像。

72 物競天擇，適者生存：演化論

　　有些美洲神話會說人類與動物原來是一家人，只是身形不同，即使他們打獵，也會在成功後為獵物默哀。他們並不是以統治者或支配者的心態殺死動物，但後者卻很容易出現在同時代的歐洲人身上。

　　1859 年一本書的出版震驚了全世界，從此再難抹滅其影響，達爾文 (Charles Robert Darwin) 的《物種始源》。「物種」是生物的種類，長頸鹿與大象是不同的物種，動物園收集了許多不同的物種。本書的論點被稱為「演化論」，演化論是解釋「物種」的理論，認為現存物種之間具有親緣關係，多采多姿的生物是由共同的祖先演化而來。

　　「演化」是指生物在漫長的時間中因一連串的淘汰與繁衍逐漸成為不相似的後代。首先，我們知道生物個體各有差異，即使是同一對父母的後代，生理構造也略有不同。

　　接著，生物往往能留下超過前一代數量的後代，同類生物越來越多。但因為生存空間與資源有限，並非所有後代都能繼續繁衍，最後，更適應環境的生物存留下來。情況不斷重演，小差異的反覆累積演變成現在眾多物種的風貌。

　　人類很早就利用這種機制培育更適耕種的農作，更好飼養的牲畜。不同種的生物較少能雜交成功，但不同種植物授粉很容易成功，產生特別的後代。自然比人類更早在做一樣的事，時間更久，造成差異也更大。

　　「能生存下來的物種既非最強壯的，也非最聰明的，而是最能適應改變的。」不管這句話多麼容易給人一種續存生物更有價值的感覺，

但演化論作為科學理論是「沒有」價值預設的。自然環境是一把無明之刃，不喜愛也不賞罰地滅絕與創造。進化的過程或結果都沒有好壞。

演化論對世界的影響絕對不止於我們了解什麼是物種。我們略提三點。

首先如果物種是在歷史中形成，那麼說神一開始創造了萬物，或說世界是永恆的，都明顯不符事實。演化論摧毀了永恆靜態的宇宙觀。宇宙很可能不存在目的與設計者，生物的神祕性與目的都不復存在。

第二點是演化論改變了人對「自己」的理解，它解釋了人類起源，將人類歸為生物家庭中的一支。過去至少有八成以上的哲學跟九成九以上的宗教把人類視為特別的造物。一旦接受演化論，人就不再特別了，哲學家自信的精神或思想，宗教家追求的道德與信仰，都成了類似生物的翅與爪的工具。哲學跟科學的友誼也斷裂了，科學被迫依靠自己的技術站在世界上。

第三點是雖然演化論可以被縮限為不帶有價值觀的理論，但它很容易與某種價值觀互相結合。演化論很適合搭配推崇自由競爭的觀點，為生存賦予進步的價值。競爭能帶來更好的社會在今日成了顛撲不破的真理。現代世界表面上高唱平等，骨子裡卻認為人不可能真正平等。這種矛盾大家應該有所感受。

演化論告訴我們人與動物源於相同的祖先，不過人類憑藉科技與自然世界越來越分離。或許連文明科技都是自然演化結果，這就是我們的宿命。 ❼❷

---

❼❷　羅（下）270–275，威 329–333，公 208–215，傅 269–271。

讀後小測驗

1.演化論是解釋什麼的理論？

　　A.物種　　　　　B.運動　　　　　C.神明　　　　　D.寶可夢

2.所謂「演化」的意思是？

　　A.生物在生長過程中逐漸變化

　　B.生物在生長過程中因為外力的關係而逐漸變化

　　C.物種在漫長時間中逐漸分開變成全不相似的物種

　　D.物種在漫長時間中逐漸分開變成完全一樣的物種

3.能生存下來的物種既非最強壯的，也非最聰明的，而是？

　　A.最有思想的　　　　　　　　B.最能適應改變的

　　C.最能適應社會的　　　　　　D.被訓練得最好的

4.演化論適合搭配哪一種價值觀的學說？

　　A.國家至上的學說　　　　　　B.博愛世人的學說

　　C.自私自利的學說　　　　　　D.自由競爭的學說

5.你喜歡競爭嗎？你覺得競爭一定代表進步嗎？你覺得生命中有比競

　　爭勝利更重要的事情嗎？

你覺得什麼是「正確」？

你會比較想要當痛苦的人還是當快樂的豬呢？

你可以說出自己進步的快樂與玩一整天電腦的快樂

哪一個比較好嗎？

73 做個不滿足的人勝過做頭滿足的豬：彌爾

什麼是「對」的事？什麼是「正確」的事？從小到大你不只一次聽過「要做對的事」，老師也被要求幫孩子建立「正確的價值」，可是正確的價值除了告訴你什麼不可以之外，真的有經得起問的道理嗎？

彌爾 (John Stuart Mill) 是女性主義者、自由主義者與提倡歸納邏輯的自然主義者。在《效益主義》一書中，他擁護「效益主義」(Utilitarianism)，這是一種以理性解釋對與錯道理的理論。

效益主義認為對錯的標準來自於「公眾的幸福」，能給最多數人最大幸福便是「善」，追求善就是「對」的事，反之則是錯的。比方說，誠實能增加社會互信，帶來友誼與便利的生活，所以誠實是對的。效益主義像是博愛精神的推廣，認為人應該採取對最多人的幸福有利的行動。

不過這還必須解釋什麼是「幸福」。彌爾接受了蘇格蘭的倫理學傳統，乃至於他的老師邊沁 (Jeremy Bentham) 的看法，認為幸福是兩種感覺的相減：「幸福」是「快樂」減「痛苦」的殘餘。只要付出痛苦小於獲得的快樂，就是能給人帶來幸福的事物，例如吃了頓 CP 值高的早餐 (這樣想好像很容易獲得幸福)。能讓最多人達到最多快樂殘餘的行動就算正當。

不過彌爾做了點變化，他反對邊沁認為快樂只有「量」的差異，轉而認為快樂有「品質」的區別，理性的快樂似乎高於簡單的、感覺的快樂。他說：「**做個不滿足的人勝過做頭滿足的豬；做一個不滿足的蘇格拉底勝過一個滿足的蠢才。**」

他認為了解這兩種快樂的人瞬間就能明白高級的快樂比較好。例如，小提琴家要刻苦練習才能在舞臺上獲得短暫的榮耀，一般人可能會選擇偷懶或放棄，這是種不能與榮耀相比的低級快樂。就算你不喜歡小提琴，想一想，發現自己在自己喜歡的事情上進步，是不是比偷懶打混整天來得更快樂呢？這種設計讓效益主義更符合常識。

效益主義除了追求大量的、高品質的快樂，還必須要求「公平」，因為它要追求的是「最大多數人」，必須對所有人一視同仁，每一個人不管是國王還是乞丐，都只能算「一個」。

一視同仁果然發現了女性被壓迫的事實。彌爾為女性發聲，強調男女之間的不平等並非出於自然，而是人為造成的。既然幸福要考慮所有人，女性的幸福也是不可缺少的一部分。彌爾主張應給予女性選舉權與主動離婚的權力，兩者都很有用。

彌爾甚至主張，如果道德是為了避免痛苦，那麼我們就不該忽視「任何既存」的痛苦，即使是非我族類的動物也一樣。連「動物」也有免於痛苦的權利，人類社會的進步終究有一天必須正視動物的痛苦。當時很難接受這種看法，但他對自己理論的態度是真誠的。

效益主義與康德對道德的解釋是有些衝突的。對康德來說，誠實之所以是對的是因為它本身是一種義務，效益主義認為誠實之所以是對的是因為誠實的結果能帶來公眾的幸福。現代世界有許多境況是人的良知義務難以判斷的，比如說墮胎或複製人的可能這時考慮公眾的幸福就算不是最關鍵的部分，也會是非常重要的參考。❼❸

---

❼❸　牛 311–323 與 447–449，羅（下）331–336，梯 564–582，公 199–206，鄔 540–542。

讀後小測驗

1.效益主義認為道德上的正確來自於？

    A.公眾的利益　　　B.良心的呼喚　　　C.神明的命令　　　D.競爭的結果

2.彌爾認為幸福最終來自於？

    A.快樂減去痛苦的殘餘　　　　　　B.知識減去痛苦的殘餘

    C.信仰減去痛苦的殘餘　　　　　　D.魔法的力量

3.彌爾與邊沁對於快樂的看法，下列何者正確？

    A.邊沁跟彌爾都認為快樂有「量」的差異也有「品質」的區別

    B.邊沁認為快樂只有「量」的差異。彌爾認為快樂有「品質」的區別

    C.邊沁跟彌爾都認為快樂沒有「量」的差異也沒有「品質」的區別

    D.彌爾認為快樂只有「量」的差異。邊沁認為快樂有「品質」的區別

4.效益主義與康德的倫理學的關係是？

    A.只是同一個理論的不同名字　　　B.是相輔相成的

    C.是毫無關係的　　　　　　　　　D.是有些衝突的

5.你覺得「快樂」有品質的高低嗎？說說看你的經驗跟看法。

你覺得生命的意義是什麼呢？

你有見過把生命活得精采的人嗎？他是怎麼做的？

你在什麼時候有試圖超越自己呢？分享看看你的故事。

74 每一個不曾起舞的日子，都是對生命的辜負：尼采

　　「每一個不曾起舞的日子，都是對生命的辜負。」 這是個歌頌生命的句子，在人一帆風順時也許都還太誇張，但寫出這句話的是位在身心雙重疾病的煎熬下，歌頌生命的病人。

　　尼采 (Friedrich Wilhelm Nietzsche)，德國詩人與哲學家，一生多失意與病痛。他二十多歲從眼睛開始發病，然後頭痛，最後影響到精神，他生命最後十一年在療養院度過。他不斷寫作，以驚人文采呈現充滿張力的思想，生前少有知音，死後卻獲得極高聲望。

　　尼采關心的是生命意義的問題。他曾一度崇拜叔本華，他說在人生的畫布前，其他哲學家只研究解釋顏料或畫紙，只有叔本華解釋整幅畫的意義。這是他思考探索的開始，只是他的答案跟叔本華又不一樣。

　　相對於叔本華的悲觀消極，尼采是肯定生命的哲學家。尼采對生命的肯定又與他對基督教的否定難分難解，他說：**「神之概念是至今為止對存在最大的反對。」** 對尼采來說，神是對生命力量的否定，這裡「力量」指的是能讓生命更傑出、令人羨慕的特質，如強壯、機智、才華、魅力等，這些能成就歷史中不凡的事業。

　　對力量的正反兩極形成了兩種對立的價值觀：主人道德與奴隸道德。主人道德是肯定生命力量的價值觀，以無情、善戰、勇敢、驕傲的貴族為代表。尼采所謂「貴族」不是指社會地位不平凡，而是指生命品質的不凡。貴族追求卓越，願忍受痛苦，追求成長，展現生命之美。生命的力量常與忍受痛苦的能力成正比。**「一個人知道自己為什麼而活，就可以忍受任何一種生活。」**

相對於此，奴隸道德則是一種忌妒生命之力的扭曲心理。表面上推崇仁慈、和平與謙卑，骨子裡卻用這些來壓迫控制那些更好的人。基督教甚至透過原罪讓人相信人生來就有罪，人們相互感染無能，讚美殘缺。

他說：「**我們反對基督教的什麼呢？反對的是它存心要毀掉強者，要挫他們的銳氣，要利用他們疲憊虛弱的時刻，把他們的信心轉化為苦惱；反對的是它懂得怎樣毒化高貴本能，直到強者的力量轉而向內反對自己，讓強者因過度自卑與犧牲而死亡，那種讓人不寒而慄的死亡，巴斯卡就是最好的例子。**」（巴斯卡是第38篇的思想家）

直到有一天，清醒的、驕傲的人終於親手殺死了神，「**神死了。**」這不是超自然的事件，而是說歐洲價值觀的轉變，終究要拋棄貶抑生命的神，追求美好向上的生命。信仰是不想了解真相，人清醒後就會發現，假信仰者的精神比真信仰者更健全，無神論者最為健康。

神死後，人的面前出現一片清朗的天空。有些人哭哭啼啼地說神死了一切就都沒了，人不管死活都再也沒有意義，這是「虛無主義」，這只是奴隸時代的後遺症，我們要認清自己，勇敢地跨越過它。

在神死之後，人們應該成為自我超越的人。尊敬自己的靈魂，創造自己的生命。尼采對生命意義的問題是以生命的創作來回答。每個人都只有一次機會，不用問為什麼，盡全力創作。「**千萬不要忘記：我們飛翔得越高，在那些不能飛翔的人眼中越是渺小。**」

我們也可以試著回答尼采的提問：「**凡有生命者，都不斷的在超越自己。而人類，你們又做了些什麼？**」❼❹

❼❹　柯（八）542–582，威374–414，牛281–286，批（下）1025–1070，羅（下）311–326，梯626–629，公241–245，傅278–284，鄔529–536。

讀後小測驗

1.尼采主要關心的是關於什麼的哲學？

　　A.知識的判準　　　B.生命的意義　　　C.道德的基礎　　　D.國家的目的

2.對尼采來說，何者是對生命力最大的否定？

　　A.神的概念　　　B.知識的概念　　　C.美味蟹堡　　　D.國家

3.尼采區分主人道德與奴隸道德，它們對生命的態度分別是？

　　A.主人道德否定生命，奴隸道德肯定生命

　　B.兩者皆否定生命

　　C.兩者皆肯定生命

　　D.主人道德肯定生命，奴隸道德否定生命

4.尼采對生命意義的問題最後是以什麼來回答？

　　A.是以神的律法與天堂來回答　　　B.是貢獻給國家甚至是全人類

　　C.這是每個人生命的創作　　　D.是沒有任何意義與價值的

5.你覺得生命意義的問題有所謂「答案」嗎？有沒有可能知道了這個

　　答案，卻覺得生命依舊沒有意義呢？

　　--

　　--

　　--

　　--

　　--

讀到現在，你會不會覺得哲學好像不太「實用」？
你覺得「真理就是對人類有用處」的說法有道理嗎？
你可以想到什麼哲學是「有用」的嗎？

75 對抗壓力最大的武器，是我們能選擇想法的能力：實用主義

A 從小被教育成一個唯物主義者，他相信一切都是物質，連他自己與面前的同學 B 都不例外。B 從小被教育成一個唯心主義者，相信一切都是精神，眼前的同學 A 亦然。因為 A 與 B 世界觀差異如此對立，相見之後，A 到底有沒有辦法跟 B 借一枝鉛筆呢？

當然沒問題。

實用主義出於對傳統哲學爭論的失望。這些對立永無止境又毫無意義，就像例子所顯示兩個哲學對立觀點的人明明可以相互溝通，一起生活，這不是說明哲學爭論的理論或概念，例如唯心與唯物，命運與自由、有神與無神等，其實只是無關痛癢的口舌之爭？

實用主義是美國哲學，倡導者主要有皮爾士 (Charles Sanders Santiago Peirce)、詹姆士 (William James) 以及杜威 (John Dewey) 三人，限於篇幅只以詹姆士為代表。實用主義反對哲學傳統中那種追求理性與真理的曲調，反而認為如果兩種看法看似不同，卻沒有爭論本身以外的差別，例如擁護不同的政體或價值觀，這種爭論就毫無意義。

實用主義強調自己是種解釋「意義」的哲學，主張人想法的意義來自於生活的用處，而不是單純描述世界。也因此，他們也不相信真理是出於「符合真實」，也用用處來解釋它。意義與真理都以「實用」來解釋，所以叫做「實用主義」。

實用主義以能否有益於追求者的目標，或滿足情感上的需求，當成裁決真理的理由。真理是能讓我們過上好生活的想法，錯誤則會導致失敗、挫折甚至傷害。這是非常富爭議的說法，跟常識所相信的不

太一樣。所以他們也會補充說判定好或不好的時間不能太短，否則只要說謊有好處，就會成真。真理是對人類「長期」生活有利的信念。

實用主義不認為有唯一不變的真理，反而認為真理有許多。在《信仰的權力》中，詹姆士像護教者一樣提出：「**在實用主義原則下，如果對神的假定有好的用處，廣義而言，它就是真的。**」宗教帶給人的好處就是它的意義、它的真理。詹姆士要強調基於害怕錯誤而不相信，並不比勇於追尋而相信來得更明智。哲學從對宗教的批判而來，可是到了實用主義的手裡，宗教反而比真理更有價值。

再從演化論看來，人類知識可能跟鳥的翅、狗的牙一樣，是自然賦給人類的禮物。過去的哲學把思考想像成一面鏡子，追求真確的認識；但思考其實是自然給人的一套工具，用來發展自我，改善生活。扭轉這種看法，才不會因先入為主而對世界充滿偏見。**❼❺**

---

❼❺ 威 471–482，批（下）1171–1234，羅（下）368–377，梯 618–622，公 232–
239，傅 285–288，鄔 545–546，現（上）298–314。

讀後小測驗

1.實用主義是哪一國的哲學？

A.美國　　　　　　　　　　　B.法國

C.英國　　　　　　　　　　　D.蠟筆小新的武士之國

2.實用主義如何解釋「意義」與「真理」？

A.意義與真理都跟用處無關　　B.意義跟用處有關，真理無關

C.意義與真理都跟用處有關　　D.真理跟用處有關，意義無關

3.實用主義如何解釋「真理」與「錯誤」？

A.真理是毫無偏見的想法，錯誤則充滿偏見

B.真理是符合事實的想法，錯誤則不符事實

C.真理是能讓我們過上好生活的想法，錯誤會導致失敗、挫折甚至傷害

D.錯誤是能讓我們過上好生活的想法，真理會導致失敗、挫折甚至傷害

4.詹姆士如何為宗教辯護？

A.他強調基於害怕錯誤而不相信，比勇於追尋而相信來得更明智

B.他強調基於害怕錯誤而相信，比勇於追尋而相信來得更明智

C.他認為宗教才是符合事實的

D.他強調基於害怕錯誤而不相信，並不比勇於追尋而相信來得更明智

5.真理是「有用的想法」，你會不會覺得這種想法像在出賣真理一樣，

應該不對吧？還是你覺得這樣才對？

- -

你很常作夢嗎？

你覺得夢只是胡思亂想，還是有什麼特別的意義？

你覺得夢到被怪物追趕代表了什麼意思？

你有聽過「潛意識」嗎？能不能舉例看看？

76 潛意識才是真正的精神：佛洛伊德

　　笛卡兒認為思考是呈現在我們意識中的一切，思考必定出於意識，但很多時候我們對自己的思考過程並沒有意識。想像當你見到某個人，努力思考後突然迸出一個名字，搜尋名字顯然是種思考，但並沒有清楚的意識。思考是否僅限於自我意識，也被奧地利的醫生佛洛伊德(Sigmund Freud) 所否定。

　　佛洛伊德是心理學家，精神分析學的創始人。他鑽研精神病的病因與療法，對人的心理結構有了重要的發現。但隨著想法的理論化，他越來越確定自己的發現不只是關於病人，更是有關於一切人乃至於人類文化。他的理論影響了整個二十世紀。

　　佛洛伊德自認帶來了人類知識的第三波革命：第一波是哥白尼，告訴我們地球不是宇宙的中心。第二波是達爾文，告訴我們人與動物有親緣關係。第三波佛洛伊德要揭開自我意識的虛假，找出人思想乃至於行動真正的主人。

　　在佛洛伊德的想法裡，人的自我意識被一個深藏的、龐大的「潛意識」所支配，卻全然不知。人們的想法、選擇、苦樂、價值觀乃至於精神病症都來自於潛意識的影響，甚至是「控制」。意識像是冰山露出海面的部分，只是海面下巨大潛意識的一角。心理過程絕大部分都在潛意識中進行。

　　「潛意識才是真正的精神。」佛洛伊德強調看來微不足道的一些小事，如作夢、開玩笑、口誤或筆誤，都是由潛意識對意識不斷施壓所造成的。**「沒有口誤這件事，所有口誤都是潛意識真實的流露。」**精

神分析治療的一環，就是讓潛意識中的欲望浮現，讓人從被盲目地支配，上升為在自我意識下做決定。

佛洛伊德認為潛意識的主要力量是「性欲」。性欲在青春期以前就已經在兒童身上存在著，兒童也有潛意識，也被潛意識所支配，佛洛伊德認為人的基本動力都是性欲，只是隨著年紀表現方式不同罷了。

一開始性欲表現在對身體部分的刺激，例如嬰兒吸吮母乳，用嘴亂咬東西。之後孩童轉向外，在周圍世界尋找愛慕對象。男性常見的對象是母親，稱為「伊底帕斯」情結，女性的對象通常是父親，被稱為「艾勒克特拉」情結。這兩種情結如果沒有妥善轉化，可能會造成異常行為或人格。

隨著年紀增長孩童終因發育而進入成人階段。成年人的行動更是被性欲所支配而不自知，人一切行動，乃至於創造的文明都與性欲有關。文明會運用各種法律與道德來壓制赤裸裸地表現性欲，文明是種「自我壓抑」。但這種壓抑又讓人轉化這股力量突破自我，在特定領域上取得成就，豐富文明。性欲是人類一切成就之源，而壓抑性欲又是一切文明的基礎。佛洛伊德曾說自己會因為論點而被世界憎恨，你應該多少能理解。

佛洛伊德認為人的性欲主宰了潛意識，但真的是如此嗎？佛洛伊德的同事與學生開始對潛意識提出新的解釋，我們下一篇再敘。❼⑥

---

❼⑥　公 247–253，傳 269–271，現（下）654–670。

讀後小測驗

1. 佛洛伊德自認帶來了人類知識的第三波革命，因為他？

　　A.告訴我們地球不是宇宙的中心

　　B.告訴我們人與動物其實有親緣關係

　　C.告訴我們神祕的怪獸是存在的

　　D.揭開人類自我意識的虛假，找出人思想乃至於行動真正的主人

2. 佛洛伊德認為人類的自我意識是？

　　A.由靈魂的作用所產生

　　B.被神的力量所推動

　　C.被深藏的、龐大的潛意識所支配，卻全然不知

　　D.一片混亂，毫無道理可言

3. 佛洛伊德認為潛意識的主要力量是？

　　A.食欲　　　　　B.生存欲　　　　　C.求安全欲　　　　D.性欲

4. 佛洛伊德認為文明其實是？

　　A.自私自利　　　B.自我解放　　　　C.奉獻社會　　　　D.自我壓抑

5. 性欲是人類一切動力，你覺得這種論點是真的嗎？你覺得有任何可以反對他的方法嗎？

你在什麼時候會感到自卑呢？

你覺得我們所身處的社會對你造成了什麼影響呢？

想想看，你在做不同事情的時候，背後的動力是什麼？

它們有什麼共通點嗎？

77 重新解釋潛意識：阿德勒與佛洛姆

　　你可能玩過木偶，你知道操縱木偶的你才是主人。對佛洛伊德來說，人是被性欲操縱的木偶。人有意識、思考，規劃未來的能力，但這些都是「能力」不是「動力」。潛意識唯一的動力就是性欲。

　　潛意識的假定是個劃時代的創見，但把潛意識等同於性欲，說人從嬰兒開始一生都被控制，感覺過於離奇不符現實。佛洛伊德的同事與學生們不反對潛意識的存在，但對潛意識的解釋完全不同。

　　奧地利醫師與心理治療師阿德勒 (Alfred Adler) 是佛洛伊德的同事。他認為人類在幼年期因為自身的依賴與弱小而累積「自卑情結」，這種情結進入潛意識後持續影響個人。正面來說，自卑激勵人去超越自己，克服自己的軟弱，讓自己變得更好。負面來說，它可能會讓人對自己失望，放棄自我，軟弱無助。**「憤怒、眼淚或道歉一樣，都可能是自卑情結的表現。」**

　　阿德勒認為人應該對抗並克服自卑，讓自己成為更好的自己。**「人生是不斷與理想的自己進行比較。」**相較於性欲是種背後的推動力，阿德勒認為人的動力是自我超越，自我超越更有「目的」而不是被決定的色彩。

　　阿德勒不只是分析，也積極努力改變世界。他建立了許多兒童治療所，幫助兒童面對自卑感。他四處演講，治療各種不同的病人，建立心理預防機制。有些人從中感覺自我更有力，也活得更有意義。

　　心理學家佛洛姆 (Erich Fromm) 也「反對」佛洛伊德那種不斷強調性欲，只注意生物本能的觀點，他認為這完全忽略了人所處的「社

會」對人的影響。

佛洛姆不像佛洛伊德把潛意識與意識想成後者完全被前者給「決定」。一個人察覺到的欲望跟情感，這是「意識」，未察覺到的欲望跟情感，這是「潛意識」。它們的區別僅僅是「察覺與否」，把潛意識提升到意識，就等於察覺到自己過去未曾意識的欲望，因而不再被盲目地控制。

這種自己無法意識到的欲望，常出於「社會」的影響，例如被社會習俗嚴格禁止的事，或話語難以言述的情感，就很難進入理性的意識中被人察知。對人類來說，透過反省分析發現這些，調整自己，能讓人免除社會無形的壓迫，在群體中尋得真正的自由與安全。佛洛姆被尊為「精神分析社會學」的奠基者。

兩位改革者在一定意義上繼承，也修改了佛洛伊德的觀點，使它更具有認識自我，啟發反省的功效。從佛洛伊德看來，這些改變真的是更「好」的嗎？佛洛伊德認為自己的理論是人類第三波知識的革命，他繼承了第二波知識革命——達爾文的演化論。

對佛洛伊德來說，把人類看為生物的一支才能符合自然科學革命的框架。當強調「目的」，或強調「社會性」，從人類自我反省去認識自己，很難符合自然科學的角度。理論有優點的同時往往也帶來缺點，各位在未來還會看到更多類似的案例。**77**

---

77 現（下）671–681。

讀後小測驗

1. 對佛洛伊德來說，人是被什麼操縱的木偶？

　　A.食欲　　　　　B.性欲　　　　　C.自卑情結　　　　D.佛地魔

2. 阿德勒認為持續影響著個人的其實是？

　　A.食欲　　　　　B.蟹堡配方　　　C.自卑情結　　　　D.社會

3. 心理學家佛洛姆也反對佛洛伊德，他認為其觀點完全忽略了何者對人造成的影響？

　　A.食欲　　　　　B.知識　　　　　C.自卑情結　　　　D.社會

4. 以下何者是佛洛姆所認為的潛意識與意識之間的關係？

　　A.潛意識完全被意識所決定

　　B.意識完全被潛意識所決定

　　C.察覺到的欲望跟情感是「意識」，未察覺到的欲望跟情感是「潛意識」

　　D.察覺到的欲望跟情感是「潛意識」，未察覺到的欲望跟情感是「意識」

5. 你曾有過自卑的感覺嗎？還是曾有被社會壓抑的感覺？你覺得這些主宰你的想法嗎？

你會不會覺得自己生在一個追求數字的時代？
成績、薪水、財產都是數字，你覺得這些高真的就一定好嗎？
你覺得完全按規定辦事是聰明還是愚蠢？
你覺得這樣可以說是公平嗎？
你覺得保有「價值觀」是重要的嗎？
還是說不去判斷優劣也無所謂呢？

78 人類生活在自己編織的意義之網上：馬克思・韋伯

現代世界是個理性化的世界，科學帶給人舒適健康的生活，科學無疑是理性的。現代政治建立在井然有序的法律之上，法律是智慧的累積，當然也是理性的。現代工作大多依賴於專業知識，這也是理性的。這是個全面理性化的世界。

你對這種全面理性化感受如何呢？全面理性化能帶給人幸福又有意義的生活嗎？著名的社會學家馬克思・韋伯對西方文化觀察入微。他為這樣下去的未來深感擔憂。

韋伯 (Marx Webber) 認為在西方文化各領域，從生產、分配、施政甚至到教育都朝著「原則上能用計算掌握」的方向發展。舉個例子，資本主義以精密計算監控著生產，以數字分析一切，不管是工人或飼養的動物都只以數字呈現。降低成本，增加利潤成為企業組織的唯一目標。

其實企業組織能養活許多人，又能滿足許多人的需求，這很了不起，甚至比賺到的錢更了不起，但這種佩服只是主觀的情感。在理性化的要求下，唯一可以比較計算的還是金錢收益。所以只該以金錢為準，這就是「資本主義」的價值觀。

再論到公組織，現代法律與行政系統完全按「規定」辦事，對任何事都必須不帶情感，完全依法規辦理，不這樣做等於不適任。放下主觀的情感，依客觀標準行事，這是現代「官僚系統」的特色。古代那種講究上位者有同情或饒恕的好心腸，反而很不公平。行政系統也朝著原則上可以被客觀決算的方向發展。

　　韋伯認為企業與官僚體系這些組織文化都越來越排斥情感有共同的原因，原因是「宗教」。荷蘭、英國以及後來德國流行的「新教」，因為極度敬虔，信徒們把自己看作是獻給神的「器皿」或「工具」，不該有一絲情欲。例如若因親人的死太傷心等於不滿神的安排，沉迷於享樂也等於愛世界不愛神。這種聽憑命運安排，克制情感欲望、理性工作、累積財富的態度卻陰錯陽差地造就了物質繁榮的社會。

　　當這種文化廣為大眾接受後，生活只剩下生產物與消費物。人類失掉了情感、欲望、熱情，也失掉了生命的意義與價值。韋伯說現代世界的理性只是「工具理性」：它只考慮能達成多少效果，或減省多少力氣這類可計算的工具價值，對真正的好壞毫無興趣。

　　關心某件事好或不好，思考人生該追求什麼，這些是追求意義的「價值理性」。現代人常覺得這些不用思考，不是跟大家一樣就好，就是每個人都不一樣。總之價值完全不用思考，就像新教徒一樣保留給神。這是一種表面上理性多元，實際上卻近於迷信的信仰。

　　韋伯對現代世界提出了犀利且令人佩服的評析。他認為全面理性化的盡頭是人類在現代世界中越來越近於物，失去了自由與意義。但他也說這不是對文化未來的完整預言，只是種啟發性的警惕。各位可以想一想，這些景況是否正在你身邊出現。❼⑧

---

❼⑧　傅 272–274。

讀後小測驗

1. 韋伯認為在西方文化各領域，從生產、施政到教育都朝著哪個方向發展？

    A. 原則上可以用計算掌握　　　　B. 原則上無法用計算掌握

    C. 原則上符合宗教　　　　　　　D. 原則上符合智慧

2. 韋伯認為資本主義與官僚體系有共同的原因，原因是？

    A. 國家　　　　B. 知識　　　　C. 宗教　　　　D. 太酷

3. 韋伯對現代世界未來的看法是？

    A. 樂觀　　　　B. 不關心　　　　C. 無關　　　　D. 悲觀

4. 韋伯對現代世界中工具理性與價值理性的看法為何？

    A. 現代只追求工具理性，拋棄了價值理性

    B. 現代只追求價值理性，拋棄了工具理性

    C. 現代兩者都拋棄了

    D. 現代兩者都追求

5. 你覺得把人看成「工具」是一種正面的，還是負面的想法？你覺得現代世界有像韋伯說的這樣，每個人都把自己跟他人當作「工具」嗎？

你知道什麼是「邏輯」嗎？

你覺得你是一個有「邏輯」的人嗎？為什麼呢？

你在生活中什麼時候會用到邏輯呢？

79 弗列格的現代邏輯：邏輯與分析哲學

你或許看過推理小說，或身邊有這樣的親友，思考敏銳，條理清晰，能從簡單的資訊推出一般人沒想到的結論，像福爾摩斯。人腦中的想法有無數個不同的片段，彼此又相互關聯，需要一種組織想法的能力。

善於組織想法的人在判斷對錯、想解法甚至找重點都更有效率。如果你問對方是怎麼知道，願意解釋的人通常都能說出他是從哪些想法推理，中間步驟如何。其實組織想法最基礎的動作，就是從某個已知資訊判斷另一個想法對或不對的能力，也就是「基礎推理能力」。(還記得「論證」嗎？)

本文以下的「推理」就是指這種從已知資訊判斷另一件事對或不對的基礎推理能力。古希臘開始，哲學家就企圖把這種推理能力系統化與精確化，這種學問叫做「邏輯」。亞里斯多德的三段論證是人類第一個邏輯系統，把推理規定為兩個前提句與一個結論句的關係。他分析出四種常用的句子，分析哪些類型句子的組合可以推出哪些，哪些推理不正確。這是個很好用的模板，使用超過兩千年。

弗列格 (Friedrich Ludwig Gottlob Frege) 是十九世紀德國的哲學家與數學家，他完成的邏輯是自亞里斯多德以來最大的進步。要用三段論證進行推理，就必須嚴格限制句子的類型，可是四種實在太少了。弗列格的邏輯系統所包含的句子類型更多，還可以重複組合，構作出更多不同類型的句子。

弗列格解析的推理關係也不用限制在兩句加一句的固定格式，可

以從許多句子推出結論，結論還可以變成新的前提繼續推理。生活中也會如此，從某個人會做什麼事推出某個人必定會去某處，再從這推出他必定得先取得某物。三段論證得把這些推理拆成好幾段來做，但新邏輯更簡潔自然。

我們就稱弗列格的邏輯為「現代邏輯」好了。現代邏輯還能把三段論證的系統變成它的一部分，又證明邏輯的確往前更進了一步。可惜弗列格提出現代邏輯時並沒有太多人意識到這個進步，要等到二十世紀初它才成為新一代哲學的工具。

現代邏輯也帶給哲學家思想上的啟發。邏輯假定思想的基本單位是一個個句子，再複雜的理論也是由一個個句子所構成。句子有一些基本的類型，有簡單句、有複雜句，複雜句是簡單句的有序組合。推論系統能把句子與句子間的推理關係條理化。

這就是「分析哲學」學派的起源，既然有最簡單的句子，複雜句又是由簡單句子依序組合而來的，人的思想再複雜也是如此，不可能有理論是無法理解的。只要耐著性子分析，困惑終究會解開。分析哲學追求清晰的思考，期待透過邏輯分析來以簡馭繁。

所以分析哲學分析的目標主要是「思想」而不是「世界」。他們認為研究「世界」主要是科學家，而非哲學家的責任。哲學家只要分析思想，弄清楚思想的結構就好。直到二十一世紀的今天，許多分析哲學家還是把分析思想當成自己首要的任務。❼❾

---

❼❾　羅（下）389–397，鄔 633–637，現（上）379–387。

讀後小測驗

1. 企圖把人的推理能力條理化、系統化的學問是？

　　A.形上學　　　　B.倫理學　　　　C.自然科學　　　D.邏輯

2. 古希臘第一位發明邏輯的哲學家是？

　　A.蟹老闆　　　　B.亞里斯多德　　C.康德　　　　　D.弗列格

3. 現代邏輯的發明者是？

　　A.蟹老闆　　　　B.亞里斯多德　　C.康德　　　　　D.弗列格

4. 以下關於「現代邏輯」的說法，何者為「非」？

　　A.現代邏輯還能把三段論證變成它的子系統

　　B.現代邏輯就是三段論證

　　C.弗列格提出現代並沒有太多人意識到邏輯的進步

　　D.現代邏輯也帶給哲學家思想上的啟發

5. 你想過「推理能力」是什麼嗎？你覺得推理是人理性全部的能力嗎？還是是人理性最重要的能力？為什麼？

你覺得哲學與科學可不可以相輔相成？

你認為世界上有可以確信的事物嗎？還是其實都能夠被懷疑？

你覺得邏輯對於哲學來說重不重要？

80 切勿認為任何事物是絕對確定的：羅素

　　羅素 (Bertrand Arthur William Russell) 是位得過諾貝爾文學獎的哲學家，如果你在 YouTube 上搜尋他的名字，還可以找到訪問影片。羅素是分析哲學的代表性人物，他像是二十世紀的伏爾泰，堅信科學、憎恨迷信，而且關心人類世界中的苦難與不公。

　　羅素早年研究邏輯與數學，後來轉向哲學。他一直關心科學，認為哲學與科學只是興趣不同，而不是兩個獨立的學科，兩者都以追求真理為目標，只是哲學思考的問題範圍更整體、更廣泛、更靠近神學一些。

　　也因此羅素有個不見得所有哲學家都贊同的原則，他認為討論哲學需要注意科學研究的結果。他提出自己的理論時非常注意是否合於當時的科學理論，例如對物質的看法借重物理學，對知覺的看法借重生理學。科學或許不代表絕對真理，但至少發現了部分事實，如果目標真的是真理我們絕不該忽略這些發現。

　　相對於對科學的借重，羅素認為哲學需要運用邏輯分析的方法來解決問題。哲學家不完全明白自己話語的意義就冒然進入高度抽象主題（你可以參考第 35 篇霍布斯談「自由」的意思），因此哲學的首要任務是運用邏輯澄清意義。把複雜的哲學理論分析為簡單的句子，才有可能解決哲學爭論。

　　但他並不認為只有科學能發現真理，而哲學不能。一切理論都是暫時性的。「**切勿認為任何事物是絕對確定的。**」真正的智慧不是相信真理，而是對每個想法的信任度都恰如其證據。

　　羅素從不避諱他自己的想法也可能是錯的，雖然他的觀點從年輕到老改變不大。但如果有一天新事實被發現了，解釋方向也改變了，我想他會毫不吝惜修改自己的觀點。真理除了對「事實」的認識之外一無所是。

　　除了在知識上強調尊重事實，羅素還有另一份志業。他在一次大戰前就投身於反戰運動。他不是絕對的和平主義者，但認為大多數戰爭都是沒有意義的。二戰後他致力於反對核子戰爭，與沙特一起組織越戰法庭，對越戰中美國的行為進行抗議。他認為如果人類無法停止戰爭，科學只會成為人類彼此毀滅的火炬。

　　羅素第二份志業是推崇「寬容」的價值觀，願意接受別人的所思所行跟你有所不同，盡可能避免衝突與傷害，他認為對人類的幸福而言寬容絕不可少，但這種對幸福的追求又不該扭曲我們對真理的追求。

　　羅素哲學是一種追求「事實」與「寬容」的精神。這也構成了一種分析哲學哲人的典範，當然一如過往，我把他的影響留給讀者自行評斷。❽

---

❽　威 441–450，牛 323–331，公 254–262，傅 298–300，現（上）388–395。

讀後小測驗

1.羅素認為哲學與科學之間的區別是？

　　A.是兩個出發點不同的科目　　　　B.是兩個毫無關聯的科目

　　C.只是興趣的不同　　　　　　　　D.是同一科目的不同名字

2.羅素認為哲學要解決問題需要什麼？

　　A.運用邏輯澄清意義　　　　　　　B.尋找不可懷疑的出發點

　　C.納入宗教　　　　　　　　　　　D.前往霍格華茲學習

3.羅素的哲學最後是追求哪兩者的並存？

　　A.道德與幸福　　B.神性與人性　　C.事實與寬容　　D.人與動物

4.最後提到羅素是哪一種哲學的典範？

　　A.歐洲哲學　　　B.基督教哲學　　C.現代哲學　　　D.分析哲學

5.認為自己的哲學也可能是錯的，你覺得這是一種負責任的講法嗎？
　　還是你覺得這是更有智慧的呢？

你有想過人類是如何使用語言溝通的嗎？

如果一句話無法對照世界的事物，我們要如何判斷真假呢？

你覺得有語言無法描述的東西嗎？那會是什麼呢？

81 語言的界限就是世界的界限：前期維根斯坦

　　分析哲學源起於對語言意義的驚訝。人類能使用話語互相溝通，哲學家與科學家們用語言文字宣傳思想，或許「思想」這詞讓你覺得這是一種發生在人腦中的事件，但語言文字的意義絕不只如此。

　　假定文字的意義完全在使用者身上，牛頓三大定律或莎士比亞劇本的意義都依存於作者的大腦或心靈。但在這兩人死去後，他們的心靈或大腦消失了。為何這些流傳的作品具有意義，還不斷影響後世？

　　維根斯坦 (Ludwig Josef Johann Wittgenstein) 生於奧地利，後入英國籍，他曾是羅素的學生，研究領域主要在語言哲學。生前出版著作不多，卻影響了整個二十世紀。他對前述問題提出了一個簡單有力的答案：語言的意義來自於描述世界。

　　這看法本身並不特別，但維根斯坦能從整體到細節，把語言如何描述世界講得清楚分明。維根斯坦認為語言中有些最簡單的句子，這些句子叫「原子句」。原子句是語言能描述世界的關鍵，因為原子句直接對應於世界的事實。原子句的真假，是由它對應的事實有沒有出現決定，有則為真，沒有則為假，句子的意思就是對應的事實。語言的意義不在心靈中，反而是心靈要利用語言對應事實的特點才能思考世界的事。

　　但並不是所有句子都是原子句。不是原子句的句子，就應該是原子句加上邏輯連詞構成的「複雜句」。例如：「地球不是方的」這個句子是「地球是方的」加上否定詞構成的，意思是否定「地球是方的」。原子句如果為真，否定句就為假，反之否定句就為真。

　　語言就像物理世界一樣也存在著原子，以及結合原子的基本規律，不管是精密的科學理論或偉大的文學作品，不過是原子句以不同方式的組合罷了。找出一句話或一個理論由哪些原子句所構成的過程就是「分析」，分析能找出一句話真正的意思，解決理解與思考的疑惑。

　　語言唯一的功能是描述事實。不是原子句，也無法分析為原子句的組合的句子，毫無意義可言，它們什麼也沒說。人話語的意義僅止於描述世界，只有事實能決定話語的對錯，有意義的話必定有對錯。真理就是因事實而為真的語句，與事實無關的話永遠無法決定對錯，爭論它們永遠沒有結果。唯一能做的就是指出這些話本來是無意義的。

　　但這裡「無意義」又不全然是負面的意思，維根斯坦還說自己的分析也都是無意義的，因為這些分析也沒有相對應的事實，卻能調整我們看世界的角度。人有企圖談論語言界限以外事物的衝動，但是當了解語言運作原理之後就應當沉默。**「可說的都應該說清楚；不可說的，就應該保持沉默。」**

　　光這樣說已經很酷了，但維根斯坦後來又激烈地反對自己之前的論點，提出了一套完全不同的學說。**❽**

---

❽　牛 331–336，傅 304–306，現（上）395–401。

讀後小測驗

1.維根斯坦認為語言中有一些最簡單的句子，我們叫？

　　A.原子彈　　　　B.原子句　　　　C.元素句　　　　D.名詞句

2.前述這種句子之所以有意義的關鍵是？

　　A.有各種不同的使用　　　　　B.能夠賺錢錢

　　C.能自我滿足　　　　　　　　D.能對應於事實

3.有些話雖然看似描述事實，實際上卻說不出描述著哪一件事實，比
　方說哲學家的話，維根斯坦會說這些句子是？

　　A.無意義的　　　　B.虛假的　　　　C.神聖的　　　　D.充滿意義的

4.人類有企圖談論超出語言界限的衝動，但是當他清楚了解語言的本
　質之後他就應當？

　　A.建立一套新的語言　　　　　B.突破語言的界限

　　C.信仰神聖的神　　　　　　　D.保持沉默

5.對不可說者保持沉默，你覺得這是一種逃避，還是一種明智？還是
　你有其他想法？

你有沒有後悔過自己說的話？

如果哲學家後悔自己之前提出的理論，可能會怎麼樣？

你在日常生活中使用語言時，有不只是對應世界的語言嗎？

例如：諷刺、開玩笑⋯⋯。

你覺得是不是有些詞的意思永遠只有說話者自己懂，

其他人只是跟著點頭罷了？

82 人類唯一無法停止的是自我欺騙：後期維根斯坦

如果有人無故說：「你是笨蛋」，不少人會感到憤怒。可是依前篇所言，如果語言唯一的功能是描述世界，你只能對他說：「你錯了，我不是笨蛋！呵呵。」你也可以對他的錯誤表示遺憾。可是我們感受到的不只是錯誤，這句話是種「侮辱」，這是單純描述事實不具有的功用。

維根斯坦早年提出了語言的意義是描述事實的精密理論，但聲名大噪的他沒有藉此進入學術界，反而是跑到山裡教小學。不久他的想法經歷了一場劇烈的轉變。這使得他在 1929 年重新回到劍橋，激烈地反對自己之前的見解。

「因為自從十六年前我再次開始專注於哲學以來，我不得不承認我在第一本書中的重大錯誤。」

後期維根斯坦反對之前認定意義只是描述世界，沒有看到語言各種豐富的「使用」，如剛剛的侮辱。他認為哲學家（不就他自己）太喜歡假定意義背後「必定」有種共同的基礎，因而去尋找，在找的過程中不自覺地捏造。這種哲學不需要反駁，而是需要「治療」：需要認清自己思考的盲點而恢復健康。

後期維根斯坦認為意義不是「事實」而是「使用」。他不反對語言能描述事實，但強調這只是語言在特定條件下的「一種」使用，語言卻有「各式各樣」的使用。不過為了避免重蹈覆轍，他刻意不把「使用」當成意義的嚴格定義，而是狡猾地說唯一適合解釋語言意義的就是各種不同的使用。

維根斯坦反覆強調這種使用與人類的社會生活相互交織。人類能

透過語言互相影響，例如：發誓、警告、提問、說謎語等，反映了人類各式各樣的社會生活，冒險一點說，後期維根斯坦認為語言的意義來自於人類的社會生活。意義更多是對人的「影響」，而不是單純「描繪」。

假如我說「我好痛」，我們可能會覺得「痛」這個詞的「意義」是疼痛者心中的感覺，維根斯坦強烈反對。如果今天頭痛的是我，這個感覺的確只有我能經歷到，但這絕不可能是這些話的「意義」，字的意思來自於學習，我們並不是這樣學到「痛」的。我們是在社會互動中學到「痛」的意義，痛的感覺的確是我說痛的「原因」，卻絕不是它的「意義」，語言的意義是社會生活，是相互影響，「痛」的「意義」本來就是讓別人了解自己發生了什麼事。

維根斯坦在此真正要挑戰是對人類「思想」的看法。自笛卡兒以來思考一直被視為一種「內心的知覺」，思想像是一種「內在的看見」，只是更抽象些。但這種說法只是一種比喻，實際上人們大多數的思想都發生在對話或自我對話中。既然思想必需用到語詞，我們便不該把它想成知覺，而是更近似於人與人的互動。

過去對「思想」的誤解又帶來了哲學的誤入歧途。「**人類唯一無法停止的是自我欺騙。**」哲學不斷想像語言如何「描述著」外在或內心的世界，這種想法需要被治療。真正的哲學也只用於治療，治療人因誤解意義而出現的幻想。後期維根斯坦從人的社會生活去理解語言，也從這個方向去校正哲學。

維根斯坦不管前期或後期都讓人感到驚奇又有趣。**㉒**

㉒ 牛 339–352，公 281–286，傳 304–306，現（上）409–420。

讀後小測驗

1.維根斯坦後來認為自己以前的學說？

　　A.完全正確，完美無瑕　　　　　B.無意義，也無所謂對錯

　　C.完全錯誤，需要治療　　　　　D.大部分正確，補充一下就好

2.後期維根斯坦認為意義不是「事實」而是？

　　A.天道　　　　　B.心靈　　　　　C.使用　　　　　D.魔法

3.對維根斯坦來說思考不是知覺，而是？

　　A.試著跳脫語言去達成目的的行動

　　B.試著了解自我去認識世界的行動

　　C.試著使用語言去認識世界的行動

　　D.試著使用語言去達成目的的社會行動

4.真正的哲學應該用於？

　　A.描述　　　　　B.道德　　　　　C.證明　　　　　D.治療

5.你是否想過「運氣」這個詞很可能是因為我們沒發現某些道理，出於無知而去假定的一個因子，事實上根本沒有這東西？你覺得是否有其他的詞也很可疑？

如果有人說出一些沒辦法被驗證的話，
你會不會覺得他在講廢話？
你會不會覺得哲學家常說無法被驗證的話呢？
你覺得「所有的烏鴉都是黑的」可以被驗證嗎？
說說你的看法。

83 一句話的意義等於驗證這句話的方法：邏輯實證論

有位自稱魔法師的人，自稱法力大到可以改變全宇宙。他大喝一聲，說自己的魔法已經徹底改變了宇宙，他說：「我已經把宇宙中一切物體都放大了兩倍！」唔，他說的有可能是真的嗎？

要知道任何物體是否變大了兩倍要有參照物，比方用尺去量。但如果一切物體都被放大兩倍，不就代表一切參照物也都被放大了兩倍？這種變化是根本無法被測量出來的。

魔法師的發言「看似描述」了世界，實際上這些話卻無法用任何觀察來確證。有群學者注意到哲學家的理論蠻近似於魔法師的發言，他們看似說中了宇宙至深微妙的道理，然而這些道理卻因太抽象了，例如：「世界是一個環環相扣的整體」或「萬事萬物都有它的目的」，以至於沒有任何觀察可以確證這些話。

這群學者被稱為「邏輯實證論」(logical postivism)，在 1920 年代由一群哲學家、科學家和數學家所組成，主要有石里克 (Moritz Schlick)、卡納普 (Rudolf Carnap) 等人。他們認為自然科學是人認識世界唯一可靠的工具。哲學死守著思辨，不在可觀察的範圍中求證，留下永遠無法解決的爭論與問題。他們說這種哲學不是錯誤，而是「沒有意義」的。

邏輯實證論受前期維根斯坦啟發，認為真理就是真的句子，句子的真假取決於事實。他們進一步強調事實必定能被觀察驗證，提出了「檢證原則」：一句話的意義等於驗證這句話的方法，無法驗證的句子不具有意義。「驗證」的意思是從觀察測量來確認真假，如果魔法師放

大某樣物體，測量物體就能驗證魔法的真假。但若宣稱「一切物體」，根本沒有測量一切物體大小的方法，這些話是「沒有意義」的，說了等於沒說。當然，這裡的「意義」指的是「知識性的意義」。

對邏輯實證論來說，只有對環境的觀察與科學理論具有知識性的意義。「隔壁房間有窗子」是可以驗證的。但如果我說「隔壁房間是神聖的」，要怎麼驗證這點呢？看到什麼樣的結構或擺飾，才能「確定」而不只是「感覺」一個房間的神聖呢？

邏輯實證論認為除了科學與常識以外的領域，例如宗教、藝術或道德活動中人們的話語，僅僅是「情感」的表達。例如說「一首歌動聽」等於說「我喜歡它」，說「殺人是錯的」等於說「殺人讓我害怕」。但是哲學既然自稱為「學」，想必是一種「知識」。哲學如果要正視自己作為「學問」的地位，就必須讓自己的理論成為可以檢證的，否則就該承認這些只是概念的詩歌。

邏輯實證論的檢證原則直指哲學的心臟，但原則本身也遭到了不少哲學的挑戰。有人質疑這條原則本身能否驗證，也有人提出像「所有的烏鴉都是黑的」這類句子很可能永遠無法被完美地驗證，我們可以合理假設有些烏鴉沒有被我抓到，或在未來出現變化。

科學可以驗證的確可能是它快速進步的關鍵。但是對於任何有意義的學問來說，是不是必要的呢？讀者可以思考看看。❽

---

❽　批（下）1325–1364，牛 336–339，現（上）401–407。

讀後小測驗

1. 有群學者注意到哲學家看似說中了宇宙至深微妙的道理，然而這些道理卻因○○○而無法觀察。

   A.太暴力　　　　B.太聰明　　　　C.太具體　　　　D.太抽象

2. 邏輯實證論認為哲學死守著思辨，不在可觀察的範圍中求證。這種哲學是？

   A.很有意義的　　B.沒有意義的　　C.可能錯誤的　　D.自相矛盾的

3. 「檢證原則」是說一句話的意義在於？

   A.驗證的方法　　　　　　　B.無法驗證性

   C.魔法的力量　　　　　　　D.各種不同的使用

4. 邏輯實證論認為除了科學與常識以外的領域，例如宗教、藝術或道德的語句，僅僅具有？

   A.超越的意義　　B.虛假的意義　　C.錯誤的意義　　D.情感的意義

5. 你覺得文學、藝術或宗教能讓你認識世界嗎？還是能讓你認識另一種世界？

可不可以請你說說看，你想像中的「科學」是什麼呢？

你曾經用過「試錯法」嗎？你覺得試錯法跟科學有什麼關係？

你覺得科學為什麼會成功呢？是因為科學的研究方式嗎？

還是有其他原因？

84 只有可錯的才是科學的：卡爾·波柏

　　有人強調人永遠該說「對」或「正確」的話，先不論這說法的對或錯，不知道你曾否注意過對的話其實也有「品質」之分。如果我對你說，明天天氣有可能是晴天，也有可能不是。勿庸置疑，我所說的是對的，卻毫無內容的「廢話」。

　　所以「對」或「正確」不是人說話或思考唯一要考慮的因子。哲學家波柏 (Karl Popper) 注意到這一點 ， 並以這種想法重新認識 「科學」。活在科學昌明的二十世紀，波柏認為我們很難否定科學的成功，卻不了解科學成功的真正原因。

　　科學是種可靠的知識，甚至是真理的代表，它必定以真實或絕對正確為唯一目標。可是想想第一段那一長串絕對正確的話根本就不是科學啊？除了正確以外，還有一個重要因子，那就是科學不該逃避犯錯的機會，應該追求「精準」。

　　舉個例子。假定我們今天不知道水的沸點是 100 度，甲跟乙都提出了假設，甲說水的沸點是 100 度，乙說水的沸點超過 60 度。這兩人誰更「容易對」？水的沸點的確是 100 度，所以甲乙都對了，但假定水的沸點是 99 度，甲錯乙對。乙的話比較模糊，這使他站在更不容易錯的優勢，但絕不是「科學」的位置。

　　再假定我們發現服用薑汁能治癒感冒。但不幸的是薑汁對阿雄的感冒沒有效。乙說雖然對阿雄無效，但已經很棒了，接受「薑汁能治療大多數的感冒」就好。甲卻堅持薑汁對感冒一定有實質的效果，只是被阿雄身上某物抵銷了，他更精密地研究這種機制，設法找出對阿

雄沒效的真正原因。

波柏認為剛剛兩個例子中符合科學精神的是甲而不是乙。科學家推崇的不只是「正確」，還要「精準」。他說：「**只有可錯的才是科學的。**」精準出於一種願意面對錯誤的態度。他把一句話「出錯的機會」叫這句話的「內容」，內容反映了一句話的「準度」，越準的說法越容易錯，永遠不會出錯的話反而可能是模模糊糊的廢話。有內容的說法才能讓人認識世界。

科學是對「精確」的追求，既要正確又要精準。科學進步來自於勇於犯錯的精神，不怕提出更易錯的說法，面對錯誤，即使錯了也能在未來成為更精確的墊腳石。科學的可錯性與暫時性是分不開的，科學會不斷因更精確而進步，衍生出的科技產品卻能改善人類的生活，正因為這些產品是出於我們知道如何避免錯誤的結果。

波柏的學說被稱為「否證論」。否證論認為科學用的是「試錯法」：列出不同的可能性，再透過刪去錯誤找到最後的可能。試錯法願意面對錯誤，從錯誤中學習。想想你以後的人生規劃，除了嘗試錯誤好像也沒有其他辦法。但至少現在你知道，科學的勝利很可能是試錯有效的最好典範。❽

---

❽　公 296–303；現（下）792–800。

讀後小測驗

1. 波柏的哲學是想重新認識？

    A.哲學　　　　　B.神學　　　　　C.科學　　　　　D.怪獸學

2. 波柏認為一句話的「內容」是這句話？

    A.正確的機會　　B.出錯的機會　　C.它的確定性　　D.它的抽象性

3. 以下哪一句話不是毫無內容的廢話？

    A.如果你是暖男，你當然也是男的　　B.你要不就成功，要不就不成功

    C.明天既下雨又不下雨是不可能　　　D.如果你成功，我們都會得救

4. 波柏的學說被稱為？

    A.否證論　　　　B.肯定論　　　　C.證明論　　　　D.科學論

5. 你曾經從錯誤中學到東西嗎？你覺得人生除了試錯法之外，還有什麼其他的好方法嗎？

就你所知，科學是不是一個不斷累積新發明而進步的學科呢？

這有可能會錯嗎？

你有沒有堅信過某些事情呢？

如果有人提出反駁，你覺得可能是誰的問題？

你覺得科學家一定是中立的嗎？還是說其實科學家也很頑固呢？

85 你得到的答案取決於你問的問題：孔恩

　　相信大家都有學習科學的經驗。近代以來，科學家致力於揭開自然的奧祕，哥白尼發現地球繞著太陽，克卜勒發現了橢圓形的行星軌道，伽利略發現自由落體公式。科學家一天到晚發現新事物，科學是累積眾多新發現的總和，這種總和最後帶我們突破天際。

　　對比於宗教，宗教通常是透過一次性的拯救或覺悟，帶人認識「真相」。虔誠的信徒會說接受宗教後有了什麼改變，就像一場革命。科學發展是累積性的，宗教則是革命性的，這種對比似乎合理。

　　有位科學研究者叫孔恩 (Thomas Kuhn)，他說自己原本也相信這種說法，卻在研究科學史的過程中發現了「真相」。歷史上的科學不像是累積性的學科，反而像宗教或政治充滿了革命。科學在現代是理性精神的典範，這特別的觀點使孔恩成了哲學家。

　　孔恩發現的趣事很多。他發現科學家並不如想像中立，他們常因堅信傳統而死守某些解釋。過去科學相信物體燃燒是因為內部含有「燃素」，燃燒是燃素「發散」的現象。當實驗發現金屬燃燒之後會變重，既然東西裡有成分發散了，怎麼可能會「變重」呢？

　　燃素科學家堅持，比空氣輕的燃素會把物體往上抬，含有燃素的物體會更輕，燃素跑掉後物體變重。我們今天確知燃燒是氧化現象，但當類似固執的例子在科學領域層出不窮，你就會感受到科學家也與信徒相似，他們信仰科學傳統，堅持用此解釋一切。

　　說科學家一天到晚發現「新事物」也是不符歷史，孔恩發現大部分科學家也不進行全新研究，而是從已知的「典範」做細節延伸。孔

恩所謂「典範」是種大型科學研究計畫，它與哲學理論相似，是一種看世界的方法，例如古典力學或量子力學就是兩種不同的典範。

科學家追隨的典範本身不用回答所有問題，只要提出方向性的看法，留下細節讓追隨者繼續解謎。科學家會以加入典範的方式投身於某個細節的科學研究，加入典範後叫「常態科學」，科學大部分時間都處在這種深化固定研究的狀態，這時研究稱不上「新」發現，他們常在實驗前就已經確定結果，就算結果不對也認為是自己的問題。他們對典範深信不疑，以至於會覺得其他典範全是胡說八道，只有自己相信的才是「科學」。

科學發展主要是「常態科學」的歷史。等時間一久，典範瑕疵累積太多了，新科學家在懷疑中推出新典範，最後以一場革命推翻舊的典範。被淘汰掉的科學不一定比較不好，因為不同典範解釋世界方式、有興趣的問題、認可的答案都完全不同：**「你得到的答案取決於你問的問題。」**科學歷史是一代代典範的更迭，科學有自己的王朝與革命。

在人性化的科學發展中，孔恩強調科學家要在兩種思考方法中平衡。在固定規則下解釋自然的是「收斂性思考」，負責深入思考；採取大膽冒險的猜測是「發散性思考」，這是突破框架的思考。科學不是只需要探險的發散性思考，收斂性思考才能深入研究，鞏固基礎，兩者缺一不可。

想想個人生命的經營好像也是這麼一回事。有時候你需要在已知的方向下努力向前，有時候，你也可以完全換個方向前進。 ❽❺

---

❽❺　公 303–305，現（下）812–824，《科學革命的結構》，Thomas Kuhn 原著，程樹德、王道還、傅大為譯，遠流出版社。

讀後小測驗

1. 文章一開始提到，常識想像的科學應該是？

   A. 不斷發現新事物，透過累積而進步

   B. 從不發現新事物，透過革命而進步

   C. 不斷發現新事物，透過革命而進步

   D. 從不發現新事物，透過魔法而進步

2. 孔恩所謂「典範」是種？

   A. 道德的超高標準，能感動一切的人

   B. 宗教的聖人，能拯救一切的人

   C. 大型科學研究計畫，提供一種看世界方法

   D. 大型哲學研究計畫，提供一種看世界方法

3. 孔恩認為科學大部分時段處於？

   A. 科學革命階段　B. 常態科學階段　C. 科學鬥爭階段　D. 哲學爭論階段

4. 孔恩強調科學家需要在哪兩種思考中「平衡」？

   A. 歸納性思考與演繹式思考　　　　B. 收斂性思考與發散性思考

   C. 前進思考與後退思考　　　　　　D. 左派思考與右派思考

5. 這兩種思考方式你理解了嗎？有沒有類似的學習經驗發生在你身上呢？

   _____

   _____

有戴過 3D 眼鏡嗎？戴上後，世界看起來是什麼樣的？

你覺得用「科學」解釋世界是唯一的方式嗎？

我們有沒有其他方式解釋世界？

你覺得古人把月亮當作慈愛的象徵有沒有意義？

還是認為這樣的說法很奇怪？

86 放入括號：胡賽爾

如果你戴著深藍色的眼鏡，自然看什麼東西都會變成深藍色的。如果這是暫時的也好，但若你從此再也不脫這副眼鏡，還斷定整個世界都是由深藍色的事物所組成，其中愚蠢便不可多言了。

胡賽爾 (Edmund Gustav Albrecht Husserl) 是憂心這種愚蠢的哲學家。他是生於捷克的猶太人，一輩子都在大學教書，甚至在退休後仍利用弗萊堡大學的圖書館繼續研究，直到他的愛徒海德格以胡賽爾是猶太人禁止他進入圖書館為止。他在二次大戰開打前逝世。

在胡賽爾看來，第一段所提到的愚蠢正在以歐洲為中心的世界中流行。他所謂的「深藍色眼鏡」指的是以科學為中心，把一切看成物體，唯物主義式的世界觀。這種世界觀來自於片面的理性，胡賽爾追求的是徹底看清一切的哲學，他建立了「現象學」(phenomemology)，現象學是脫下眼鏡的科學。這種學問不會去假定它理解的事物是如何如何，而是先把一切放入括號存而不疑。人們不用假定理解的事物必定是物理的。但同樣的，我們也不用假定它必定是心理的。我們要用放下眼鏡的態度，把注意力集中在「事物本身」，而非先入為主的解釋，胡賽爾把這稱之為「現象學方法」。

舉個例子，月亮是天體，科學告訴我們它是地球的衛星，就是繞著地球運轉的一塊岩石。古人會吟詠月，把月看成朋友，當成寧靜、純潔、慈愛的象徵。對胡賽爾而言古人想法並不比科學家來的天真，從古人角度來說這些是很自然的，科學只是後來的一種說法。如果因為科學告訴我們月亮是塊岩石，去嘲笑古人真有病，岩石怎麼象徵慈

愛，那可是本末倒置了。

現象學認為思想之所以是思想就在於它總是朝著「自己之外」去認識，不管思想認識的是物體還是意義，都不會是完全虛構的，都有所理解與見聞。胡賽爾認為哲學必須要對人文學與自然科學一視同仁，這些都是人思考產生的結晶。

這種想法給了人文學力量，人文學的主題不該被視為多愁善感，而是事物呈現給人的「意義」。對於這些意義細節的解釋，胡賽爾與他的學生意見不同，胡賽爾把意義看成是人心所建之物，但這個解釋好像剛摘下眼鏡，又換上了另一副。

不論如何，現象學脫下眼鏡重新思考的精神已經影響了後世。胡賽爾晚年致力於對歐洲文化的批判，他認為自然科學是人為了預測世界所創造的外衣，後來卻成了唯一合理的認識。人看不到自己身上的意義跟價值，走向對人生的懷疑與虛無。雖然對現象學方法的解釋分歧，但胡賽爾的憂心卻真確地主宰了現代生活的每一天。❽

---

❽　牛 294–297，傅 289–291，鄔 571–577，現（下）539–574。

讀後小測驗

1. 胡賽爾所謂的「深藍色眼鏡」指的是？

　　A. 以科學為中心，把一切看成物體，接近於唯物主義的世界觀

　　B. 以哲學為中心，把一切看成物體，接近於唯物主義的世界觀

　　C. 以科學為中心，把一切看成精神，接近於唯心主義的世界觀

　　D. 以哲學為中心，把一切看成精神，接近於唯心主義的世界觀

2. 我們要用放下眼鏡的態度來觀察，把注意力集中在？

　　A. 事物的數學結構　　　　　　B. 蠟筆小新

　　C. 事物的超自然意義　　　　　D. 事物本身

3. 現象學認為人的精神之所以是精神就在於它能夠？

　　A. 向外認識，它總是朝向某個外於自身之物

　　B. 向內認識，它總是朝向自己

　　C. 向外認識，它總是朝向物質

　　D. 向內認識，它總是朝向精神

4. 以下何者「不是」文中提到胡賽爾對歐洲文化的批判？

　　A. 科學成了唯一合理的認識　　B. 人看不到自己身上的意義跟價值

　　C. 對人生感受到懷疑與虛無　　D. 神學興盛，自由思想被教會壓制

5. 你覺得科學是「毫無偏見」，還是「充滿偏見」？還是有其他種可能？
　　試著簡單解釋看看。

你有經歷過他人或動植物的「死亡」嗎？有因此產生什麼想法嗎？
你覺得死亡對我們來說有什麼意義？還是死亡只是一種結束而已？
　　當你發現你的生命所剩不多時，你最想要完成什麼事情？

87 人是奔向死亡的存有：海德格

　　每個人的生命都在倒數，在我寫這些字的時刻、在你讀這些字的時刻。當理解到這件無法反駁之事時，你應該會覺得有一點不舒服。哲學家海德格就是從這種「不舒服」出發建立他的哲學。

　　海德格 (Martin Heidegger) 是二十世紀德國著名的哲學家，著作《存有與時間》讓他聲名大噪。1933 年他加入了納粹黨，並成為弗萊堡大學的校長，這是他學者生涯的頂峰但也是轉折，在戰後他因這件事失去了名聲。

　　不管如何，海德格的哲學還是非常有趣的。他關心的不是世界萬物或宇宙整體，而是我們「自己」。而且他認為過去的哲學家即使在思考「自己」，也只是把自己當成一個「物」，討論「那物」的特性，但這種做法只會讓「自己」更難被認識。海德格一反其道，他把自我看成是時間性的「在」。

　　海德格稱「自我」為「在」(Dasein)。「在」是「時間性的」，這不只是說人在世時間有限，「在」本身的結構也是如此，「在」就是不斷地想著未來。人的自我總是在思考計畫未來，在各種可能中選擇下一步，達成下一步的同時又進入更下一步，「在」的本身就是計畫未來。有個科學研究說人類總是習慣性低估過去的努力，又習慣性高估未來計畫的成就，可能是因為我們原來就是這樣的「在」。

　　人不可避免地走向死亡，這對「在」而言是無法計畫的下一步，實在太可怕了，所以不願面對。「在」為了逃避這種不可避免又無法理解的恐懼而選擇遺忘。安慰自己反正每個人都會死，想也沒用，不如

投身於生活的忙碌。「在」會習慣性地逃進人群，壓平自己，讓自己不去面對自己真實有限的生命。

在這種狀況下，「在」的壓力是減輕了，可是同時也進入了一種「非本真」的狀態，他不敢面對自己，也與真正深刻的生命力告別。他當然還是活著，甚至可能更加忙碌，讓對自己的疑惑離自己遠去。

但「在」的真實並不會因遺忘而改變。某天當他被迫必須面對自己的死亡，才發現原來人的「在」是有限的。人的生命如果是一張畫布，畫面有限，但人可以隨意揮灑。然而許多人畫什麼是出於別人，參考別人，甚至出於幻想的「一般人」。如果你願意面對自己的有限，克服恐懼，認真思考要怎麼畫好人生的時候，你就變成了海德格所謂「本真」的「在」。

進入本真的「在」變得清楚自己存在的意義。他並不是要離群索居或厭惡他人，而是要意識到不管別人如何重要，都不能替代對自己生命的創作。「在」開始思考如何創造自己的生命。相對於聽命眾人無生氣的傀儡，本真的「在」充滿了智慧與生命力。

海德格的文字難讀，但內容非常有趣。特別在繁忙、充滿規矩的現代，人們的確很容易忘記自己的。在知識掛帥的時代，人們更希望得到答案，而不是創作，偏偏在生命意義這件事，除了創作，很少有能滿足每個人的答案。所以海德格的哲學，是非常值得認識與深思的。**87**

87　牛 299–303，批（下）1373–1428，傅 310–315，鄔 608–614，現（下）575–616。

讀後小測驗

1.海德格把「自我」看成是？

　　A.時間性的「在」　　　　　　　B.非時間性的「在」

　　C.非時間性的「物」　　　　　　D.時間性的「不在」

2.「在」不願意去面對死亡，所以他選擇？

　　A.生氣　　　　B.克服　　　　C.認識　　　　D.遺忘

3.如果你願意面對自己的有限性，克服恐懼，認真思考要怎麼好好來

　畫一幅畫的時候，你就進入了海德格所謂？

　　A.「非本真」的狀態　　　　　　B.「本真」的狀態

　　C.「物」的狀態　　　　　　　　D.「狂暴」的狀態

4.以下對於「本真」的描述，何者為「非」？

　　A.「在」變得清楚自己存在的意義

　　B.開始離群索居或厭惡他人

　　C.「在」開始思考如何創造自己有限的生命

　　D.「在」成為一個充滿生命力的個體

5.你有想過自己會死這件嗎？你覺得在你出生到死亡這段過程，有沒

　有什麼是你想要完成的呢？

想想看，你的意識是不是每分每秒都尋找著某個事物呢？

你真的有「放空」的時刻嗎？

你有想過你存在的意義是什麼嗎？說說看你的想法。

你有沒有感受過「不得已」的時刻？

你覺得是真的「不得已」嗎？還是你其實有選擇？

88 人是注定自由的：沙特

　　人寫下一些符號或在思考，我們可以問他在想些什麼，問寫下的符號是什麼意思。一片葉子落下，水從河裡輕輕流過，這些是自然現象，自然現象可能很美，但並不意指任何物。人的語言或思考總是意指著某件事物，具有意思，這我們叫「意向性」。

　　自胡賽爾開始便注意到「意向性」，認為這是精神最重要的象徵。人的思想不是像笛卡兒想像的封閉式的沉思，而是自然而然地尋找著著自己之外的某物，哲學家沙特則要利用這點來說，人是「絕對自由」的。

　　沙特 (Jean-Paul Charles Aymard Sartre) 是法國哲學家，法國重要文人，也是社會運動者。沙特堅持左派文人理想，1964 年他以謝絕官方榮譽拒收右派色彩的諾貝爾文學獎，這說明了他的左派理念，也隱含著他的成就無法被世人評價。

　　繼承現象學的沙特認為人的存在既不像笛卡兒的「心靈」，也不是唯物主義想像的「物體」，這些都是人強加的不實想像。以現象學方法觀察自己，只能說人的存在是「意識到某物」或「對某物的意識」。人類先意識到各式各樣的東西，再反過來問這種能意識到不同物的存在是什麼。

　　所以人類自我並不是一個「東西」，反而是對某東西的「意識」。即使稱呼它為「意識」也不該把它想像成東西，意識本身應該是一無所是，它應該是「虛無」。

　　「虛無」指的是它不是既定之物，它總是尋找著某物，甚至想變

成某物。沙特認為人是不為了任何目的而存在的存在。以裁紙刀為例，這是為了裁紙而設計，先有目的，物品才被製造出來，但「人」不是。中世紀認為人是照著神的形象所造，後來的人認為這是迷信，拋棄了這解釋，卻端出理性的新規定，認為人該照著理性走。但其實人的存在不是為了任何的目的或特質，人就是「去決定自己是怎樣的存在」。

沙特把這種特質叫「自由」。人是注定自由的，人生在世注定要透過自由選擇來創造自我。我們無法選擇出身，但我們可以選擇在不在乎。我們不斷選擇，每個選擇都可能造成改變，甚至於要不要在乎成敗，要不要執著，也都是選擇。只是人想逃避選擇帶來的責任，有時我們會說沒辦法，我是不得已，事實上也是我們「選擇」讓自己不得已。

沙特對逃避自由有不少微妙的觀察。他說人會不斷欺騙自己，告訴自己我沒得選，有時夜深人靜我們會意識到自己的自由，發現是自己選擇了現在的人生，自己得負全部的責任。但這很恐怖，再加上我們害怕失去現有一切，所以只能趕緊打消念頭，明早繼續自我欺騙。

人的虛無、自由、選擇、責任是同一回事。人不斷追求外在之物，希望獲得滿足，但又因為人本身是虛無，不管怎麼選怎麼追都不可能真正滿足。「**人終究是一種無用的激情。**」沙特的論點導向了悲觀的看法，他的晚期也在修正這個主張。

不過我們還是可以自由地跳過悲觀的結論，帶著驕傲與快樂正視自己的自由。只是要提醒自己，雖然是我們在做出選擇，但選擇也造就了我們。 **❽❽**

---

❽❽ 批（下）1373–1428，牛 303–308，公 272–277，傅 319–322，鄔 617–621，現（下）632–668。

讀後小測驗

1.沙特認為即使稱呼它為「意識」也不該把它想像成東西，意識本身
  應該是？

　A.思想　　　　　　B.神　　　　　　C.虛無　　　　　D.知識

2.沙特的「虛無」指的是？

　A.數量等於零

　B.不是既定之物，它總是尋找著某物，甚至想變成某物

　C.就是腦袋空空的意思

　D.就是真空包裝的意思

3.沙特認為人的存在是怎麼一回事？

　A.人的存在不是為了任何的目的或特質，人就是去決定自己是怎樣的
    存在

　B.人的存在是為了某些目的或特質，人就是這種存在

　C.人的特質是無法決定自己的存在

　D.人不存在，也沒有所謂特質

4.因為人本身是虛無，沙特由此的結論是？

　A.人類想要什麼，就可以變成什麼

　B.人類不想要什麼，就可以變成什麼

　C.人永遠不可能獲得知識

　D.人永遠不可能真正滿足

讀後小測驗

5.你覺得你是自由的嗎？還是你覺得哪裡不自由呢？你覺得人有不去
　在乎其他人想法的自由嗎？

你對於「自殺」有什麼看法嗎？
你覺得這種行為可能有什麼影響？
如果你每天只能重複做一件事情，
而且沒有止盡的一天，你會怎麼想？
你曾經「反抗」過什麼事情呢？父母的要求？

89 真正嚴肅的哲學問題只有一個，那就是自殺：卡繆

「真正嚴肅的哲學問題只有一個，那就是自殺。」這句話出於法國哲學家卡繆 (Albert Camus)。這話完整的提問是，就像所有的自然現象一樣，人的生命終將過去，如果人生在世毫無意義可言，人為什麼不自殺？（這個問題是諷刺而不是結論）

卡繆的哲學又叫「**荒謬的哲學**」，思考生命意義的問題。卡繆認為人類在所難免會想追問生命的意義到底是什麼，人只能暫時逃避，卻不可能真正忘記。然而在這個問題上他又永遠得不到答案，感到極度空虛失望。追問生命意義的衝動與得不到答案的矛盾，就是卡繆所說的「荒謬」。

想像，薛西佛斯每日推著一塊圓石上山，每次爬到山頂後圓石又滾落下來，他只好再推一次，如此不斷重複。我們每天都像薛西佛斯一樣上下班，不可避免地衰老，生病後死亡。現代社會很少有人能改變現實，大多數人就是堅守工作，日復一日、年復一年。我們遠比薛西佛斯短命，但這種行為不管重複幾次，都是沒有意義的。

再拉遠一點想想自然世界，自然世界的變化有意義嗎？不管山脈的隆起或日月的規律運轉，都只是自然變化，有其原因與規律，卻沒有意義。人也可以被看成是自然世界的一部分，一些基本粒子的聚合剛剛好構成了我，哪天這些部分散開我便消失了，如同被風吹散的輕煙。

卡繆用各種故事與手法，拒絕並嘲諷任何哲學的、宗教的安慰性答案。他認為他的好友沙特、齊克果或尼采這群追尋生命意義的哲學

家，面對生命的荒謬都還不夠清醒。他們頂多是否定了一般人對生命意義的想像，但很快又動手捏造出新的意義來。卡繆寧可永遠保持面對荒謬的清醒。

卡繆認為唯一有意義的，就是對「荒謬」的意識與反抗。永遠反抗，承認荒謬，卻永不屈服，過一種反抗軍的生活：「**我們反抗，所以我們存在。**」這有點像啟蒙哲學家霍爾巴哈那反對超自然的曲調，用對不信仰的信仰來替代信仰。

卡繆對人是否應該自殺的問題的回答到底是什麼？清醒理性地拒絕一切生命意義的答案，「反抗」本身就是「答案」。生命的意義與反抗是分不開的，反抗者才能清醒無愧地活在大地之上，才能追求真正的幸福。

不知你能否接受這樣的觀點，但本文不是為了說服，而是為了探險。卡繆的荒謬哲學也是一幅有趣的景色，值得一看。❽❾

---

❽❾　批（下）1373–1428，公 277–278，傅 323–325。

讀後小測驗

1.卡繆的哲學又叫「荒謬的哲學」，思考的是哪一種問題？

A.萬物之所以存在的問題 B.柯南的問題

C.生命意義的問題 D.國家存在的意義

2.卡繆的「荒謬」指的是哪兩者之間的矛盾？

A.人不可避免地追求知識，卻永遠無法追求到知識

B.人不可避免地追求信仰，卻永遠無法認識神

C.人不可避免地追求正確，卻永遠無法正確地行動

D.人不可避免地追求生命意義，卻永遠無法追尋到

3.對卡繆來說，自然變化的意義與人的意義是怎麼一回事？

A.自然變化有意義，人的生命沒有意義

B.自然變化沒有意義，人的生命有意義

C.自然變化跟人的生命都有意義

D.自然變化跟人的生命都沒有意義

4.對卡繆來說，真正能讓人存在的是？

A.海綿寶寶 B.思考 C.神 D.反抗

5.你思考過生命意義問題嗎？你覺得如果所有人終將不免一死，人的

生命還有意義嗎？

你覺得性別是天生的嗎？

你曾經有被要求過表現出跟你性別相符的行為嗎？

（例如：男生要勇敢、女生要溫柔等。）

你覺得社會上還有什麼對於性別不合理的現象呢？

試著舉例看看。

90 女人不是天生的，而是後天造成的：西蒙·波娃

　　丹麥哲學家齊克果說：「**做女人是多麼不幸啊！最不幸的是女人對這不幸一無所知。**」不管齊克果是好意還是惡意，他都指出了一個嚴重的問題。說來諷刺，占著一半人口的女人一直生活在被壓迫的世界裡。

　　女性主義是一種思想，也是場反抗壓迫的社會運動。法國大革命給了男性人權，孔多賽伯爵卻觀察到女性的工作權與財產權反而倒退了。十九到二十世紀的女性主義運動，就像黑人解放運動一樣，是為了爭取女性與男性享有相同的法律地位，反對公領域的不平等待遇。英國 1918 年、美國 1920 年才有條件開放了婦女參政權。

　　但不公平還不只於此，在 1948 年《第二性》這本書中，法國哲學家西蒙・波娃 (Simone de Beauvoir) 發現思考習慣中也潛藏著問題。她說：「**女人不是天生的，而是後天造成的。**」波娃說的「女人」是種社會性別，是相對於第一性的「次要性別」，像遊戲的 NPC 而非主角，她沒有建造自己生命的能力，是整個世界，乃至於自己生命的局外人。這與社會對女性不公平的待遇有關，也與女性一直以來被灌輸的思考習慣有關。

　　古代女性因為生育而缺席了許多建造文明的機會。在沒有避孕方法的時代，女性被迫要不斷生孩子，生育耗損了女性的健康，然後哺乳，以及從由此延伸而出照顧幼童的責任。女人被迫不斷成為母親，雖然孩子偶爾能安慰她。

　　被當成生育機器的女性開始被財產化，儘管少數女性憑著傑出的才能震驚了社會，但很難改變大局。工業革命以後，因為技術的發展，

女性獲得了工作的機會，開始取回與男性同樣的，原本只要是人就該有的法律地位。

不過那種思考習慣依然存留著。一個家庭如果把女兒當成換取嫁妝的工具，這固然不公平。可是即便他們全心全意的愛她，給她好的教育與需要的一切，但家庭或社會依然不斷給她一個訊息：妳可以不用努力了，妳可以找個人結婚，好好當個母親或妻子，這樣就夠了。

「男人的幸運在於，不管在成年還是幼年，他都被迫踏上一條艱苦的道路，但這是條可靠的道路；女人的不幸則在於被難以抗拒的誘惑包圍著；她不被要求奮發向上，只被鼓勵滑下去到達極樂。當她發覺自己被海市蜃樓愚弄時，為時已晚，她的力量在失敗冒險中已耗盡。」

所謂「第一性」是奮發向上，成為自己生命的主人，而非輔助性角色。輔助過程並不是沒有快樂，也可能不輕鬆，很忙碌，但是結果就是女性習慣了這樣的生活，忘記了自己，耗盡了力氣。

「一種徒有其表卻無抱負和熱情的平庸，一種周而復始重複的漫無目的的日子，一種漸漸走向死亡卻不問及其目的的生命──這就是他們所謂的『幸福』。」

「第二性」帶來了人生意義的死亡，二十一世紀或許是因為資本主義的世界太過殘酷，或世界老化得太厲害，越來越多人，甚至是年輕人，不分男女，喊出我不想努力了，放棄冒險創造人生。

了解女性主義也等於了解我們自己。這樣的快樂真的可以說是「幸福」嗎？女性主義運動仍持續發展，在那些變動還沒有那麼快的國家或文化，也在我們思考習慣中極其細微之處。 ❾⓿

---

❾⓿　公 277，《第二性：第一卷》，Simone de Beauvoir 著，邱瑞鑾譯，貓頭鷹。

讀後小測驗

1. 女性主義除了是一種思想更是一種？

  A.討伐惡鬼的運動　　　　　　B.知識的改革運動

  C.宗教的革新運動　　　　　　D.反抗壓迫的社會運動

2. 波娃說的「女人」是種社會性別，以下何者為「非」？

  A.是相對於第一性的「次要性別」

  B.像 NPC 而非主角，她是整個世界，乃至於自己生命的局外人

  C.奮發向上，追求自己生命的意義

  D.這與女性一直以來被灌輸的思想習慣有關

3. 古代女性缺席了許多建造世界的機會的原因是？

  A.她們太多愁善感　　　　　　B.她們必須被迫不停生孩子

  C.她們人口太少　　　　　　　D.她們頭髮太長

4. 波娃提到女人在思考上的不幸主要是在於？

  A.她們太多愁善感

  B.她們不被要求成為自己生命的主人

  C.她們被要求成為自己生命的主人

  D.她們太過於辛勞，無法學習

5. 你覺得成為自己生命的主人，追求自己生命的目的，這樣就叫做「幸福」嗎？這樣想有沒有什麼盲點呢？

你喜歡閱讀嗎？你在閱讀的時候，

會不會常常遇到「看不懂」的情形呢？

在上國文課的時候，你是如何解讀文句內涵的呢？

你覺得是先讀懂每個句子才能理解文章重點，

還是先理解文章重點才能夠讀懂每個句子呢？

91 沒有事實，只有詮釋：詮釋學

我們讀小說有時會感覺某句話看不太懂，要等了解整個故事後才能明白當初那句話的真正含意。同樣的，剛認識的朋友說的話或做的事也常不太好懂，要等更熟識之後才會發現原來當時他是那個意思。

以理解「作品」或「個人」為目標的活動被稱為「詮釋」。「詮釋學」(hermeneutics) 是深入思考詮釋這件事的哲學。在古代，神學因研讀《聖經》特別對詮釋有興趣。現在，哲學、歷史學與文學研究的對象也大多是文字作品，詮釋學開始廣泛被人文學所注意。

詮釋學有興趣的是如何確定人的話語與文字的意義。他們發現「詮釋」具有「循環性」，也就是第一段所提，人透過一句句話的閱讀去了解一本書，但對整本書的了解也能幫我們更了解其中的每句話。「循環」是指我們對作品部分的了解與對整本作品的了解並沒有哪一個必然在前，而是來來回回，相互支持。

甚至不只是閱讀作品，有時連了解作者生平與時代背景都對詮釋這本書有幫助，反過來說，了解這本書也讓我們更多理解作者的生平或他處的時代。詮釋不是單向分析，而是一種從整體理解部分，又從部分理解整體的「詮釋學循環」。

狄爾泰 (Wilhelm Dilthey) 認為這是人文學與自然科學最大的差異。自然科學追求以簡馭繁，以數學規律描述基本運動，再將複雜現象視為基本運動的組合。但人文學卻反過來以繁釋簡，透過對整體意義的了解，才能了解某部分真正的意思。人文學追求一個環環相扣的意義世界。

相對於科學的以簡馭繁，詮釋是另一種思考方式。或許你想問「詮釋」有什麼用呢？這不過是研究古代典籍罷了，不讀這些書不就好了？可是我想問各位的是，各位是如何理解「你自己」呢？你是想像自己是由原子、分子組成，還是你會用一種「故事」的角度，說自己一直以來是什麼樣的人，所以會做出什麼決定？

再想想如果你是科學家，想想你怎麼開始對科學產生興趣？你會說自己是被原子、分子運動的運動影響了，還是你會說小時候的你聽見一些科學家的故事，感覺很有趣？再想想，如果有天你建立了家庭，你要如何理解你的伴侶或你的兒女？你會說這些是由原子、分子構成的物質集合，還是你會想要了解他們的情感與想法，與家人一起共創人生？

詮釋最常的應用是我們自己與身邊的他人。有些哲學家會強調，詮釋是所有人開始思考的第一步，一切都從詮釋開始，自然科學其實也建立在詮釋的思考之上。也有哲學家認為，詮釋是人理解世界的「另一種方式」，是相對於自然科學看法的不同理解。人如果缺少這一部分，他的世界是非常不完整的。

這或許也是我們一起探索哲學史的原因之一。透過了解哲學家的想法，不只是單純增加知識，另一方面也是了解這些「人」，並且幫你成為一個更透徹、更完整的「個人」。[91]

---

[91] 牛 297–299，現（下）749–784。

讀後小測驗

1. 以「作品」或「個人」為目標的理解被稱為？

  A.詮釋   B.思想   C.放空   D.預測

2. 詮釋學的第一個有趣發現是詮釋的哪種特性？

  A.實用性   B.邏輯性   C.魔法性   D.循環性

3. 狄爾泰認為人文學與自然科學最大的差異在於？

  A.自然科學追求的是利用自然，人文學追求的是解放自然

  B.自然科學追求的是知識，人文學追求的是藝術

  C.自然科學追求的是以簡馭繁，人文學方法卻是詮釋學循環，是以繁釋簡

  D.自然科學追求的是自然界的數學結構，人文學反對自然界有數學結構

4. 作者認為「詮釋」最常見的應用，為的是了解？

  A.我們「自己」與關切的「他人」 B.古代的各種宗教經典

  C.古代的各種哲學經典   D.自然世界的規律

5. 你有曾喜歡一本書或喜歡某個人的經驗嗎？是從哪句話或哪件事開始的？你一開始的發現跟你後來的了解吻合嗎？

想想看，你在什麼時候會感覺到「不自由」呢？原因是什麼？

如果你能夠一直玩電腦，不用去學校，也不用工作，

但也不能做其他的事，你覺得這樣真的算是自由嗎？

有沒有聽起來「不自由」，但也許對自己比較好的例子呢？

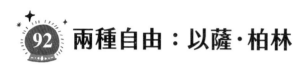

92 兩種自由：以薩·柏林

　　小明因吸毒而入獄，失去了自由。但想像另一種情況，小明如願以償，坐在一堆如山的毒品旁邊，他可以自由吸食毒品還不會被抓，所以他選擇吸毒吸到死為止。在這種情況中，小明真的「自由」了嗎？

　　當拿破崙征服西班牙時，把法國的新法律帶到西班牙，相較於當時西班牙傳統的法律，拿破崙的法律是更寬容自由的。然而，西班牙人認為自己被法國人統治就等於失去了自由。他們團結起來反抗，把拿破崙趕走後恢復了舊法律。

　　以上這兩個例子是想說明，「自由」的意思是複雜的。以薩·柏林(Sir Isaiah Berlin) 這位學者指出，我們平常使用的「自由」有兩種意思，第一種意思的思考方向向外，是免於外來限制的自由，他稱為「消極自由」。

　　消極自由是指行動不被「外力」限制，做不到者不在此限，人不該說我們沒有飛翔的自由，買不起太貴的東西也不叫不自由。消極自由通常指人類自然的行動、言論、組織社團、信仰宗教等不該被任何的外力限制。這也是大部分現代國家保障人民的「基本自由」。越來越多國家會把生存、健康或教育也納進來。

　　第二種意思的思考方向朝向內在，是讓人發展本性，追求目標的自由，是指一個人能否控制自己，投身於有意義的目標的自由。除了短期欲望，人也想發展自我，這需要持續努力，面對挫折，能抵抗這些阻力的自由是「積極自由」。

　　小明的吸毒習慣明顯會對積極自由產生危害。他很難獲得持續性

的集中力，藥物很可能破壞他的神經，妨礙他思考，讓他變成連目標都定不出來的廢人。這真的稱得上「自由」或「幸福」嗎？就算真說小明有吸毒的自由，吸毒自由的代價是小明作為「人」的自由，他有點不太像「人」了。

其實每個人自出生以來都被賦予了一個創造美好人生的任務。自由是這種創造必要的條件，然而這兩種自由缺一不可。你需要不被外部力量限制的自由，讓你可以選擇未來，但你也不該向簡單的挫折屈服，能自由航向遠方。

拿破崙的例子說明了國家的自由也有這兩種。第一種是國家是否受到外國勢力的控制，這像是消極自由，第二種是國家法律能否讓其中人民自由，這像是積極自由。在這個例子裡是衝突的，但兩者也都應該具備。

柏林提出這一對自由概念是想提醒大家，二十世紀資本主義陣營幾乎只注意到消極自由，強調選擇自由，忽略積極自由；而共產主義陣營，卻站在另外一邊，強調積極自由，追求自律，又過分輕視了消極自由。這兩方對彼此的不了解也等於對自己的不了解，它們正是彼此所缺。

身處於二十一世紀的我們已經離開冷戰對立那種緊張氛圍，但這兩種自由並不讓人陌生。對我們來說，兩者都是創造自我需要的條件，兩種自由都有才能讓人更自由，更完整。 ❾❷

---

❾❷　《以撒‧柏林》，葉浩著，聯經出版社。參考一章到二章。

讀後小測驗

1. 前兩段例子想要表示的意思是？

A.「自由」的意思是單一的　　　　B.「自由」的意思是住在比奇堡

C.「自由」的意思是不可理解的　　D.「自由」的意思是複雜的

2. 第一種自由思考方向朝向外在，是免於外力的限制或壓迫的自由，

柏林稱之為？

A.消極自由　　　　B.積極自由　　　　C.超級自由　　　　D.絕對自由

3. 第二種自由思考方向朝向內在，是一個人能否控制自己，追尋目標

的自由，柏林稱之為？

A.消極自由　　　　B.積極自由　　　　C.超級自由　　　　D.絕對自由

4. 今天的社會推崇價值多元，特別在自由主義政治社會中，人們會把

注意力放在？

A.消極自由　　　　B.積極自由　　　　C.無極自由　　　　D.絕對自由

5. 你有想過「自由」有不同的意思嗎？你覺得你比較羨慕哪一種自由

呢？

你能夠說出二次世界大戰主要的陣營嗎？都有什麼國家為代表？

還記得先前提過的「左派」與「右派」嗎？

能不能猜猜看「法西斯」的國家是哪一個派別？

你覺得國家真的能夠堅持左派或是右派的分野嗎？

還是會逐漸往中間靠攏？

天下大勢，分久必合，合久必分：二十世紀的三國鼎立

　　大家或許聽過東漢末年的三國。二十世紀第一次世界大戰以後，世界上出現了三種不同類型的政府，上一個個世紀的歷史主要是這三國分分合合的過程。

　　第一勢力是以英國議會政治為代表，一次大戰後老大漸漸變成美國的民主派國家。這派特色是左派政府，右派經濟。左派政府推崇個人自由，認為個人價值高過於群體，以保護與擴大人權為政治進步的指標。右派經濟是指政府只擔任保護自由市場，不主動干預經濟的角色。

　　第二勢力是以納粹德國為代表，以義大利與日本為夥伴，被稱為「法西斯」或「軍國主義」的國家。這一派特色是右派政府，右派經濟。在政治上推崇團結，認為國家比個人更重要，推崇服從領袖、上下一心，追求國家民族的秩序進步。納粹德還有強烈的種族主義，以為自己的種族高尚，大規模殺害猶太人與斯拉夫人，造成二次大戰中最令人髮指的罪行。

　　第三勢力是以蘇聯為代表的共產主義。這派特色是右派政府，左派經濟。他們也強調群體優先，只是他們推崇的不是國家，而是「革命」：革命永遠優先於於個人生命的。他們以特務系統清除異己，加強政府的控制力。在史達林時代，蘇俄奉行計畫性經濟，關閉自由市場，由國家制定生產計畫，再以國家力量重新分配。

　　二次大戰起於第二勢力與民主派國家的交戰，接著第二勢力又對共產主義宣戰形成一打二的局面。共產主義與民主派形成了短暫聯盟，

終於擊敗軸心國。友誼獲得了勝利，勝利卻摧毀了友誼。

　　二戰之後世界並沒有轉向和平，以美國為首的民主派勢力，一般稱為「資本主義陣營」，與以蘇聯為首的共產主義，一般稱為「社會主義陣營」，開始以不同手段併吞各地，形成兩強對峙局面。這就是占二十世紀近一半時間的「冷戰」。兩陣營各自囤積核子武器，為雙方帶來保證毀滅對手，乃至於毀滅全世界的能力。

　　兩大陣營依舊有局部戰爭，例如韓戰與越戰。1980 年代社會主義陣營的經濟陷入了嚴重停滯，在各種壓力累積之下，蘇聯旗下的衛星國紛紛脫離蘇聯，社會主義陣營大亂，資本主義陣營取得優勢。美國成為當時世界上唯一的超級強國。

　　這場三國鼎立的狀態持續了超過五十年。分裂世界開始走向整合，經濟左派的國家紛紛走向偏右的經濟改革，經濟右派的國家則推行左傾的福利政策。人權在世界各地越來越普及，美國卻因為霸權開始擴增政府權力，十九世紀歐洲多國的林立也整合轉為歐盟。一切極端都在往中間靠攏，雖然因為 2020 年新冠疫情受到影響，不過未來往這方向的可能性似乎還是較大。❾❸

---

❾❸　牛 456–471。

讀後小測驗

1. 民主派國家的政治經濟特色是？

A.政治左派，經濟右派　　　　　　B.政治右派，經濟右派

C.政治左派，經濟左派　　　　　　D.政治右派，經濟左派

2. 法西斯或軍國主義國家的政治經濟特色是？

A.政治左派，經濟右派　　　　　　B.政治右派，經濟右派

C.政治左派，經濟左派　　　　　　D.政治右派，經濟左派

3. 以蘇聯為中心的共產主義國家的政治經濟特色是？

A.政治左派，經濟右派　　　　　　B.政治右派，經濟右派

C.政治左派，經濟左派　　　　　　D.政治右派，經濟左派

4. 作者認為二十世紀以後的天下，逐漸走向？

A.更多國家分崩離析的大亂狀態

B.所有國家各自為政，老死不相往來的狀態

C.區域合作，極端向中間靠攏

D.外星人登陸地球，改變一切

5. 依你目前的常識說明這三種政體當中你最喜歡哪一種？最不喜歡哪一種？為什麼？

對你而言，人生的意義是什麼？是更了解自己嗎？

還是賺錢過上更好的生活呢？

生活中有沒有你覺得「不平等」但卻沒有人提出疑問的時候？

你目前最想要的東西是什麼？要多少錢？

當你獲得這個東西之後，你覺得你會滿足嗎？

94 正因為那些沒有希望的事，我們才得到希望：馬庫色

香蕉為什麼存在？如果我答，是為了要撐起香蕉皮，你一定會覺得我很白癡。可是想一想，對現代人來說，金錢其實像香蕉皮，能傳輸養分，保護人不受傷害。然而，大多數人都認為人活著是為了賺錢，所以說香蕉存在是為了撐起香蕉皮，也不無道理。

「法蘭克福學派」是德國重要的哲學學派，又被稱為「批判理論」(critical theory)。這學派不愛高深抽象的理論，而是把注意力轉向現實，針對現實政治或文化現象提出犀利的評論，發現現代思考習慣中潛藏的不自由不平等，這就是他們的「批判」。

其中關鍵主題是批判以自然科學與資本主義為中心的「現代性」，讓現代世界運作的這些基本原理是合理的嗎？是公平正義的嗎？人在現代世界中會活得更自由與幸福嗎？他們的答案是「不」。

哲學家霍克海默 (Max Horkheimer) 和阿多諾 (Theodor Ludwig Wiesengrund Adorno) 認為，人有兩種不同的理性，一種是實用性質的，以自然科學為代表的「工具理性」。另一種是幫人們認識自己，辨清價值，追求精神自由的「價值理性」。兩者都很有價值，前者增加人類控制自然的能力，後者肯定人的自我，讓人覺得生命有意義。

這兩者在近代哲學的一開始和諧互助，領人們走進現代世界。但隨著十九世紀工業革命與自然科學爆炸性發展，工作與科技漸漸占滿了人所有的精神與時間。最後只剩下「工具理性」，現代人如工具一樣地活著，除了賺取金錢之外不敢多想，生產與消費成了一切。

馬庫色 (Herbert Marcuse) 也是批判理論的健將。他認為十九世紀

以來的現代社會看似自由，實則是另一種意義的壓迫。它沒有逼你工作，卻透過各種洗腦要你把注意力全放在工作上。現代人追求的不只是消費，而且是「持續不斷」的消費。比方說，手機每隔不久就更新一代，造型不同，效能只有些許改善，卻強迫你不斷汰舊換新。

不斷消費強迫現代人不間斷地工作，把精力全耗在工作之上，再用消費去彌補工作的疲勞。人的精神也被商品化，例如：「可樂」代表「快樂」，「車子」象徵「責任」，「房子」代表「幸福」。但擁有商品後很少會直接滿足，也許在你追求商品的過程中還更容易滿足，正因為人更容易因創造的過程感到幸福。

為了支持讓人不斷工作的生產循環，消費主義不只是滿足人的需求，還要創造「新需求」。馬庫色認為在資本主義的世界裡，所有人都只剩下一個面，就是變成資本主義的生財工具。人在精神上越來越不自由，人與人的關係越來越只跟錢有關，貧富不均與不正義越來越可以忍受。這是以表面的富裕為代價的新奴隸制度。

馬庫色是馬克思主義者，他認為人類應該要反抗這種不公，追求一個沒有壓迫，更自由、公平的新世界。雖然聽起來有些理想，但也提供了人們前進的方向。他引用班雅明說的：「**正因為那些沒有希望的事，我們才得到希望。**」我們可以更審慎地檢討消費的合理性，也可以更致力於喚醒人精神的創造性，就像你正在讀這本書的過程一樣。❾❹

---

❾❹　現（下）682–688。

讀後小測驗

1. 法蘭克福學派，又被稱為「批判理論」，特別把注意力放在？

    A.對現實的稱讚上　　　　　B.對現實的批判上

    C.對經典的研究上　　　　　D.對經典的批判上

2. 哲學家霍克海默和阿多諾強調，人類有兩種不同的理性，那是？

    A.全體理性與個體理性　　　B.俗世理性與神聖理性

    C.吃飯理性與睡覺理性　　　D.工具理性與價值理性

3. 以下何者「不是」馬庫色描述的現代世界？

    A.不間斷地消費強迫現代人不間斷地工作

    B.把精力全耗在工作之上，再用消費去彌補工作的疲勞

    C.消費社會更把人的精神商品化

    D.追求個人精神自由與滿足

4. 馬庫色認為在資本主義的世界裡，所有人都只剩下一個面，就是？

    A.變成神的信徒　　　　　　B.變成佛地魔的信徒

    C.變成資本主義的生財工具　D.變成自己的主人

5. 你曾感受到馬庫色說的現象在你周圍發生嗎？你覺得它是誇飾，還
   是描述事實呢？

如果你被命令要殺人，不遵從的話就會被殺，
你會選擇遵從還是拒絕？為什麼？
如果某個人為了服從上司命令，殺了好多人，
你覺得他有沒有責任？
對你而言，怎樣的人是「壞人」？有絕對的標準可以分類嗎？

95 放棄思考才是最危險的：鄂蘭

　　二次大戰納粹德國執行了猶太種族滅絕計畫，大批猶太人，包括幼童、婦女與老人被送進集中營，監禁、勞動，最後被殺害。有六百萬猶太人在這場浩劫中死去，同樣也有近五百萬非猶太人，例如共產黨、同性戀者等被殺害。

　　德國軍官「艾希曼」是猶太滅絕計畫的主要負責人，在大戰後逃到了阿根廷，隱姓埋名繼續生活。不料真實身分被以色列特務發現，在 1960 年被帶到以色列，隔年被控以謀殺、殺害猶太人、反人道等罪名起訴。一位女性猶太思想家漢娜‧鄂蘭 (Hannah Arendt)，以《紐約時報》記者身分前往這場世紀大審，之後出版了《邪惡的平庸性》。

　　相對於許多猶太人對大審群情激憤，認為天理昭彰，冤屈終得平反，鄂蘭相當冷靜。她不是單純以猶太人的身分來思考，而是以「人類」的角度思考，重點不只是「這件事」該如何，而是「這一類」的事又該如何。

　　鄂蘭注意到一些有趣的事。艾希曼在私領域是個一般意義上的「好人」，他是個好丈夫、好父親，照顧家人，關心鄰居，偶爾拉小提琴。他不是傳統意義下那種本性邪惡、冷酷無情的壞人，而是個普通人，平常人，一個你與他擦肩而過十次也想不起來的人。

　　艾希曼也辯解，他並不仇恨猶太人，還曾提出驅離猶太人的計畫，但當時無法執行。他強調當時國家已經開戰了，猶太人是敵人，軍人在戰爭時有絕對服從元首的義務。「服從」在古代被視為美德，但在艾希曼的情況中複雜難明。**「艾希曼的行動既不仇恨，也不邪惡，只是少**

了設身處地的同情心。」

韋伯說現代理性化的進程之一是「官僚制度」，是把複雜的工作切分成許多細小部分，執行者必須以純然中立，不帶任何情感的方式執行。艾希曼就在這樣的分工世界中成為邪惡的工具，這種官僚分工並不是納粹組織的專利，世界到處都有這樣的制度，平時還被人歌誦為「專業」或「正義」。

鄂蘭曾指出極權主義營造出群體的使命感，感動個體為國家民族大業不顧一切奉獻自己的生命，這很危險。同樣，一個人只顧一己之私，成為社會的齒輪或工具，問他什麼都說是被逼的，都說我沒辦法、不關我的事，這也很危險。個人跟群體都可能有錯，沒有哪一邊一定正確，要靠思考判定，所以她說：「**放棄思考才是最危險的。**」

鄂蘭說她不願被稱為「哲學家」，因為哲學家研究的是「理想的個人」，她有興趣的是「群體」。這是一個很深入的批評，哲學家考慮的也許不夠仔細完整， 哲學家也的確應該更多思考人在群體中的這一面。❾❺

---

❾❺ 公 288–294。

讀後小測驗

1. 故事中事件的主角「艾希曼」是一位？

   A.不誠實的商人　　　　　　B.有名的哲學家

   C.惡魔黨的手下　　　　　　D.猶太最終方案的負責人

2. 鄂蘭注意到一些有趣的事。以下何者為非？

   A.艾希曼是個好丈夫、好父親，他照顧家人，關心鄰居，偶爾拉小提琴

   B.艾希曼不是傳統意義下那種本性邪惡、無惡不作的壞人

   C.艾希曼是個普通人，平常人，一個你與他擦肩而過也想不起來的人

   D.艾希曼是個冷血、殘酷無情、仇恨猶太人的人

3. 艾希曼辯解說他之所以負責處理猶太人是因為？

   A.他仇恨猶太人，認為這些人罪有應得

   B.他曾否決驅逐猶太人的計畫，所以必須處理

   C.他是德軍政府的官僚，只能聽上級命令辦事的軍人

   D.他認為死一些平民並沒有什麼了不起

4. 鄂蘭說她不願被稱為「哲學家」，因為？

   A.哲學家研究的是理想的個人，她有興趣的是「群體」

   B.哲學家研究的是理想的群體，她有興趣的是「群體」

   C.哲學家研究的是理想的個人，她有興趣的是「個人」

   D.哲學家研究的是理想的群體，她有興趣的是「個人」

讀後小測驗

5.你覺得當你遇到類似的處境時，你會選擇聽從上級的命令，還是你
　會想其他的辦法呢？

你覺得監獄、學校、療養院有沒有共通點？
你有沒有試著模仿別人來讓自己看起來「不奇怪」過？
你覺得有沒有一套知識可以分辨什麼是「正常人」？

96 靈魂是身體的監獄：傅柯

　　近代以來，知識地位日益上升。知識被認為出自於個人不偏不倚的研究所得的精神結晶，我們通常不會把「知識」與「權力」聯想在一起。但傅柯 (Michel Foucault) 這位法國哲學家的專長卻是用放大鏡檢視權力與知識的關係。

　　在臺灣，有些傷害或殺人事件的嫌犯精神狀態不穩定，需要申請精神鑑定。精神鑑定就是一種知識與權力的合作，醫生憑藉著知識與證據來裁定病人需不需要，或能不能對其行為負責。然後呈報給公權力機構，結果會影響到病人接下來數年至數十年的生活。

　　傅柯喜歡透過追溯概念的歷史來發現世界真正的樣貌。他分析「瘋狂」這個概念，發現古代社會並不特別排斥瘋人，認為他們只是與常人想法不同，社會還能容忍他們。但隨著文明日益發展，社會規矩越來越多，人們越來越難容忍不守規矩的人，想把他們從社會中移除，十七世紀隔離監禁瘋狂者成為常態。

　　與時俱進的是，既然有人被關押起來，為了避免一般人擔心會發生在自己身上，人們必須建立一套「知識」。這套知識可以分辨「正常人」與「不正常人」，再以權力排除掉不正常人，把世界留給正常人。結果是政治性的，因為這是生存空間的分配問題，過程卻是由「知識」做判定。

　　人們治療病人的方式也含有明顯的政治性。病人必須模仿正常人的回答，以正常方式反應，否則就：「**按照嚴厲的道德要求製造痛苦。**」以痛苦訓練改變病人，這是整個社會對個體的壓迫。這些在隱

密的角落，以「治療」之名進行著。

傅柯對懲罰犯罪的觀察也很有意思。他說古代懲罰公開殘忍，一方面是懲罰犯罪，另一方面是對大眾進行政治宣示或教育。這種粗暴展現權力的方式本身反而是堂堂正正的，許多人在群聚觀看被處刑的犯人反而會因此而激憤，改變想法，甚至引起暴亂跟革命。

當「監獄」這種隱密角落被發明之後，犯人被移送到監獄受刑，從生活中退場，社會恢復平靜。公權力不會被看見，不會被挑戰。監獄的生活強迫這些人改正行為，回歸社會。等公立學校這類教育機構出現後又更加方便了，權力可以早早對兒童進行全面的改造與訓練。

兒童、罪犯與瘋子的共同點是不能依文明社會的標準控制好自己，現代文明要求成員能「自我控制」，人們在學校、療養院以及監獄反覆練習，練習以正常人的眼光要求自己，當自己行為的典獄長。等到這個技巧熟練，才讓他回去。「**人的靈魂的歷史現實是：生於被束縛與被監視。**」

在傅柯的分析下，權力就是社會組織的方式，真理是權力的運用，人則是受權力支配的工具。在自我嚴厲的看守下，靈魂反成了身體的監獄。傅柯對現代文明的評價也偏向悲觀，但你不得不說這種觀察不但獨特，最可怕的是搞不好還真的是這麼一回事。❾❻

---

❾❻　現（下）733–736。

讀後小測驗

1. 傅柯這位哲學家的專長是用放大鏡檢視？

　　A.知識與智慧的關係　　　　　　B.宗教與權力的關係

　　C.知識與權力的關係　　　　　　D.知識與宗教的關係

2. 有人被關押起來，為了避免一般人擔心發生在自己身上，人們必須

　　建立一種？

　　A.政府　　　　　B.知識　　　　　C.宗教　　　　　D.蟹堡王

3. 以下哪個「不是」有助於權力運作的機構？

　　A.夜市　　　　　B.學校　　　　　C.療養院　　　　　D.監獄

4. 現代文明要求成員要能夠？

　　A.發展自我　　　B.控制自我　　　C.啟發自我　　　D.認識自我

5. 你有沒有想到任何「知識」與「權力」關聯的例子？「文明是自我的

　　監視與控制」這種有點可怕的說法你同意嗎？

你知道自己的智商多少嗎？

如果有臺機器可以流暢地與你對話，你會覺得它有「智力」嗎？

想想看，你覺得未來能不能發明出比人類更聰明的機器人呢？

97 如果一隻鸚鵡能回答問題，我們會毫無疑問宣布牠有智力：圖靈

現代人幾乎都有手機，手機也有些能與人對話的程式。比方說，你可以問 siri 今天的天氣，它會像聽懂一樣流暢回答你，但你很清楚並非每個問題都能有這麼自然的回應。但假設 siri 出到不知道第幾代，能與你自然對話，就像你與朋友談話一樣。你會不會說這時手機已經有「智力」（或思考能力）了呢？

這是關於人類思考的古老問題。我們知道人類能夠思考，動物思考力有限，但機械肯定不行。機械就像複雜版的鎚子，是無生命之物製成的工具，既無生命，更無思考與智慧。

笛卡兒在《方法論》中提到機器無法與人類互動溝通，所以機器比不上人類，但笛卡兒對機器的進步顯然欠了些考慮。哲學家狄德羅開放多了，他說：「**如果一隻鸚鵡能回答問題，我們會毫無疑問宣布牠有智力。**」但機器能否適用同樣標準依舊未知。

圖靈 (Alan Turing) 是二十世紀的數學家、邏輯學家、計算機理論的奠基者，他所設計的圖靈機是現代電腦的理論先驅。他提出「圖靈測試」的思想實驗。他認為我們不該假定只有人類才有智力，機器不可能有，這很可能是先入為主的偏見。該用客觀的測試決定才公平。

圖靈認為如果一臺機器能透過螢幕與人自然交談，反應自然到一般人都無法發現它是機器，那麼稱這臺機器「具有智力」也很合理。談話是人類智力自然又多樣的展現，許多專業工作也在談話中進行，如談判、諮商或審判。而且談話不用直接見到人，只需要符號的輸入與輸出，反而能擱置偏見。

　　圖靈時代沒有這種機器，他只是推測。現在離圖靈測試已經超過五十年。電腦在基本數學運算、資料整理、棋類比賽上都有相敵甚至超過人的能力。不過自然交談這件事卻比想像中更困難，目前還沒有能無爭議通過圖靈測試的電腦。對人來說越專精越困難，可是對電腦來說似乎越不專精越困難，自然對話很可能真的是思考力的關鍵。

　　無論如何，即使今天真有電腦通過了圖靈測試，我們是要說是這臺機器有了智力？還是說這位設計者太天才，看透了人類智力，懂得如何利用程式表現它？或懂得如何欺騙他人這臺機器有智力？

　　再說，就算今天電腦真的因為謎之設計而「有了」智力，但人類利用超出自己能力範圍的工具已非新鮮事。時鐘的時間感比人準，汽車跑得比人快，怪手力氣比人大。時間感不是意識重要的特性嗎？人手或腳不是很重要嗎？如果我們不會為這些工具困擾，智力為什麼會困擾我們呢？

　　人類一直認為自己是萬物之靈，其實好像沒那麼有自信，總要找到一兩個特別的地方說嘴。或許，智力非常接近人類的創造能力，人希望自己是創造者而不是被造者。可是智力與創造力這兩者是完全相等的嗎？沒有人能確定答案。**❾❼**

---

❾❼　公 322–326。

讀後小測驗

1. 以下何者不是文中提到的思想家的看法？

   A.笛卡兒認為機器不可能有智力　　B.狄德羅認為動物不可能有智力

   C.狄德羅認為動物可能有智力　　　D.圖靈認為機器可能有智力

2. 本篇故事的主角應該是？

   A.笛卡兒　　　　B.狄德羅　　　　C.圖靈　　　　D.海綿寶寶

3. 圖靈測試認為機器具有何種能力時，我們可以說它具有智力？

   A.與人自然交談的能力　　　　B.算數學能力

   C.下棋能力　　　　　　　　　D.視覺能力

4. 最後提到智力非常接近人類的哪一種能力？

   A.計算數學能力　B.感覺能力　　C. 行動能力　　D.創造能力

5. 你覺得機器有一天有可能有創造力嗎？還是你覺得現在已經有了？
   你覺得這代表機器與人一樣的思考能力嗎？

你會不會覺得現代好像只有科學是對的，其他學科都不再重要？

你比較贊同追求進步、征服自然，還是與自然共存的想法呢？

「追求理性」真的是最重要的嗎？我們可不可以追求其他理念？

98 後現代是對元敘事的反對：後現代

　　《莊子・養生主》：「**吾生也有涯，而知也無涯。以有涯隨無涯，殆已！**」這段話說的是人生有限，知識無限，以有限人生追求無限知識，好危險的。如果你深表贊同，你有可能是「後現代主義」(Postmodernism) 的支持者。巴斯卡說「**嘲諷哲學才是真正的哲學**」，他是為了信仰，但如果不為了信仰，還可以嘲諷哲學嗎？還可以嘲諷理性嗎？後現代主義者會舉雙手贊成。

　　後現代主義不是一個很明確的學派，而是相對於「現代性」而生的思潮。近代以來的思潮是注重知識，推崇理性，建立科學，對未來抱持樂觀，十九世紀已經有許多哲學家先後批評這種高調，在兩次可怕的世界大戰後這種樂觀主義又更加可疑。

　　後現代主義特別是對現代以來「理性」統治的反抗。以自然科學為軸心的思考習慣不再是一股思潮，反而成為一種「統治霸權」了。中世紀教會曾長期統治人們的精神，神學裁定唯一正確的解釋，爾後證明這是一種壓迫，自然科學正在走相同的路。

　　科學的「統治霸權」有雙重的意義。第一重意義是自然科學很容易站在一種「統治」的心態。四百多年前培根就清楚點出，自然科學的價值在於統治自然，讓人類成為自然的主人。這清楚體現在人類都市越來越多，規模越來越大，自然範圍越來越小，自然界只能以用具或食物的方式呈現給人類。

　　隨著環境變化，環保意識抬頭，人們越來越發現自然世界不只是含有資源，與自然共存也是人類幸福的一部分。城市中的人生育力低落，精神生活苦悶，失去生命的活力。一種反都市化的後現代，意在

改變人與自然的關係，幫人從自然中找回幸福與活力。

科學統治霸權的第二重意義，是科學開始壓迫其他精神領域。近代以來自然科學的成功讓科學理性變成了精神最突出的特質。宗教、藝術、倫理乃至於哲學相形失色。

後現代稱不同的精神領域為不同的「敘事」(narrative)，例如，藝術是種敘事，科學也是種敘事。但科學往往不以作為其中一員為滿足，它會吸收其他敘事，如認知科學透過神經作用來解釋美感，用心理學來解釋道德或宗教。總之，科學的目標是吸收並統一所有敘事，解釋一切，成為一切敘事的敘事，這叫「元敘事」。後現代主義者李歐塔(Jean-François Lyotard) 便道：「**後現代是對元敘事的反對。**」

後現代不只反對自然科學成為一切領域的最後解釋，也反對任何領域有此特權。各種不同的敘事有各自的生命力，值得不同角度欣賞。後現代主義強調開放，不追求唯一獨斷的解釋，相信人是歷史與社會的產物，想法都具片面性。科學理論也是人類在歷史中產生的故事，世界沒有唯一正確的答案。

某些娛樂節目會同時邀請靈學專家與科學從事者一起上節目，對同一個問題發表意見，這些來賓通常不會互相攻擊，彼此敬而遠之，這就有點後現代的感覺。觀眾可以選擇自己相信的觀賞，知識被當成是一種個人選擇，而不是永恆不變的真理。

你能以「理性」誠心接受後現代的觀點嗎？還是你覺得這只是種避重就輕的說法，用來遮掩自己無理的事實？還是我們應該把後現代的批評化為正面的精神，好好修補「現代」這臺殘破的老車？ ❾❽

---

❾❽　《後現代主義的承諾與危險》，Millard J. Erickson 原著，葉麗賢、蘇欲曉譯，北京大學出版社。

讀後小測驗

1.後現代主義不是一個很明確的學派，而是相對於何者而生的思潮？

　　A.現實性　　　　B.現代性　　　　C.超現代性　　　　D.魔法性

2.後現代主義是對近代以來何者居統治地位的反抗？

　　A.理性　　　　　B.歷史性　　　　C.感性　　　　　　D.未來性

3.四百多年前培根就清楚點出，科學的價值在於？

　　A.統治世界　　　B.控制自己　　　C.認清現實　　　　D.平淡生活

4.後現代主義者李歐塔說後現代是對什麼的反對？

　　A.雷之敘事　　　B.水之敘事　　　C.哲學敘事　　　　D.元敘事

5.你喜歡追求「知識」嗎？你認為知識本身有可能像後現代所說變成

　　一種「霸權」嗎？為什麼？

你是吃葷還是吃素呢？你覺得為了讓人類吃肉而宰殺動物，
會不會太殘忍？
你願不願意多花一點錢購買對動物較為重視的產品呢？
例如：福利蛋。
如果我們可以吃豬肉，那能不能吃狗肉？為什麼？

99 如果屠宰場有玻璃窗，那麼每個人都會是素食主義者：彼德·辛格

有人說學者是住在象牙塔裡的人，他們與世隔絕，專注於極其困難細微的學問。這種情況哲學可能比其他學科更嚴重。因為哲學極度抽象，應用機會低，可能位於塔頂的位置。這種專注是全心全意的研究，也可能是對現實世界的遺忘。

這種說法對彼德·辛格 (Peter Singer) 來說完全不適用。他的哲學使命是關心世界，而且關心到了一般人未曾在意，甚至在了解後更不願在意的領域。他在「動物倫理」上的主張震撼影響了文明世界。

現代生活建立在各種對動物的利用上，然而動物們的生命與痛苦卻從未被人們正視。辛格所謂「動物」不限於野生動物、寵物、遭棄養的流浪動物，而是指「所有動物」，包括我們用來吃穿的經濟動物、實驗裡犧牲的實驗動物、表演的娛樂動物。只要有感覺痛苦的能力就是他所謂「動物」。

人類社會的進步重點其一是減少不必要的痛苦，我們比古代人更自由，也更友善，更反對不必要的痛苦。但我們通常只在乎「人」，無視人以外的物種也會痛苦。辛格把這叫「物種主義」，他說：「**所有證明人類較為優越的論調都不能改變這個事實：動物和人類一樣能感受到痛苦。**」

辛格認為我們很清楚痛苦都是一樣的，都是應該要避免的，沒有合理的理由把動物排除在外，人類應該追求避免所有不必要痛苦的世界。乍聽之下這好像太理想化，但兩百年前人們曾經認為讓黑人擁有人權太理想化，二十世紀以前支持女性的人權也太理想化。人們壓迫異己時總是理所當然，認為這絕不可能改變，反對者太理想、太極端、

甚至瘋狂，但歷史證明了這些堅持本身才是偏見。

辛格透過出版與演講推動動物福利運動。動物福利運動希望能改變人們對動物漠然的態度，願意正視並減少動物的痛苦，而且不只把這當成愛心，而是當成社會改革。例如規範畜牧業必須保障動物的五大自由：轉身、弄乾身體、起身、躺臥與伸展四肢的自由，有人說動保人士把人看成跟動物一樣，其實前述這些對人類而言實在稱不上「自由」，但對被飼養動物來說已經是夢寐以求的幸福，雖然我們最後仍不可避免會殺掉牠。

辛格的《動物解放》出版於 1972 年，二十世紀後半動物福利運動如火如荼的進行。再以經濟動物為例，英國政府於 1967 年成立「農場動物福利諮詢委員會」。歐洲各國從此開始制定各種善待經濟動物的計畫，包括：豬 (1986)、牛 (1988)、羊 (1992)、禽 (1986)、鴨、鵝及毛皮動物 (1999)、魚 (2006) 等等。這些建議在許多國家已經落實化身為保護動物的法律。

保護實驗動物與娛樂動物的法律也越來越完備。歐盟在以上法律中處領先者的地位。但動物福利也在臺灣出現，例如現在到處都買得到的「福利蛋」，就是在友善母雞的環境下生產的雞蛋。這些蛋比一般的蛋要貴，但若是真實無欺的農場，生產成本便來自於動物更好的生活環境。

馬克思說：「**哲學家僅只於描述世界，但重要的是改變世界。**」動物福利運動在改變世界的運動中大有進展。雖然未來的路還很長，但至少說明了以思考去改變世界並不是不可能的。**99**

---

99 公 327–335。另參考《動物解放》，Peter Singer 著，孟祥森、錢永祥譯，中華民國關懷生命協會。

讀後小測驗

1. 哲學家辛格關心的「動物」是指？

   A.流浪動物   B.野生動物

   C.寶可夢生物   D.所有具有感覺痛苦能力的生物

2. 辛格所謂「物種主義」的意思是？

   A.人只在乎人，完全無視於人以外物種的痛苦

   B.人只在乎物種，完全無視於物種以外物體的痛苦

   C.人只在乎自己，完全無視於自己以外人的痛苦

   D.人只在乎哺乳類，完全無視於哺乳類以外的痛苦

3. 動物福利運動希望能改變人對動物的態度，而且不只是把這當成愛心，而是當成？

   A.必殺技   B.知識   C.社會改革   D.大眾娛樂

4. 哪一個地區在保護動物的法律中處於領先者的地位？

   A.日本   B.中國   C.臺灣   D.歐盟

5. 你曾有想過要「改變世界」這件事嗎？現在還有類似的想法嗎？

你覺得兒童可以學哲學嗎？

如果可以，應該要學些什麼內容比較好？

你覺得讓兒童學習哲學的目的是什麼？

你學哲學的目的又是什麼呢？

你喜歡這本書教授哲學的方式嗎？

你還想要用什麼方式學習哲學呢？

100 兒童哲學是「為」兒童設計的哲學：兒童哲學

在哲學前面加上××兩字通常就是討論「什麼是××」的哲學。例如，「科學哲學」討論什麼是科學，「政治哲學」討論什麼是政治。

所以當看到「兒童哲學」四個字的時候，第一印象或許是這應該是討論什麼是「兒童」的哲學吧？

不過這一次並不是理所當然地正確。兒童哲學的全名是 "Philosophy for children"，介係詞是 "for"，是「為了」，兒童哲學是「為」兒童而設計的哲學，或者說哲學課程。當然在設計課程時，多一些對兒童的了解是很有幫助的，所以兒童哲學也想了解兒童，但這僅僅是輔助條件而非主要目標。

美國哥倫比亞大學教授李普曼 (Matthew Lipman) 在 1970 年代提出了兒童哲學的教育理念。他在大學教授哲學課程，發現當時美國中小學的教育只讓學生被動接收資訊，少有自發思考的機會。他認為主動思考的習慣不該遲到大學才出現，開始設計給兒童使用的哲學教材，鼓勵孩子主動思考，親自帶領實驗課程。在他的努力下 1974 年成立了兒童哲學中心 (IAPC)，今日它已經從具有實驗精神的組織擴展到其他國家，全世界超過五十個國家有組織與之有合作關係。

法國有高中哲學考試，但並非普遍現象，哲學在現代各國教育中仍屬於「大學」。兒童哲學中的「兒童」泛指所有大學前的未成年人。然而哲學抽象程度高，有時還關連到人生經驗或其他學科。「兒童哲學」的兩個基本問題就是：1. 兒童有辦法學習哲學嗎？2. 兒童學哲學做什麼？

　　這是本推廣兒童哲學的書，本書的創作就是在回答這兩個問題。首先，兒童有辦法學習哲學嗎？除非確定兒童在成年以前會因發育不足無法理解哲學，否則就得看實際教材或課程如何。教學法會不斷進步，以前微積分或相對論只有數學家或物理學家懂，今日理工科大學生就必須學習。就哲學而言，如果你讀到這邊都沒太大的問題，當然代表兒童有辦法學習哲學。

　　第二個問題是，兒童學哲學要「做什麼」？對本書而言，兒童學習哲學「絕對不是」以增加哲學專業知識為目的。兒童學習哲學是為了吸收歷史上出現的哲學，強化自己的思考，變成高貴又有趣的人。學習哲學能幫助思考更自由、有趣、豐富、完整。

　　本書還願意回答第三個兒童哲學的問題，「怎麼教」兒童哲學，就用這本書去教。廣義而言這本書屬於美國兒童哲學運動的一支，筆者是因與 IAPC 聯繫的毛毛蟲兒童哲學中心而認識到此一思潮，狹義而言這也是筆者在臺灣教兒童哲學而創作的作品。屬於哪個傳統不是重點，重點是在各種兒童哲學的閱讀、遊戲、活動中孩子的收穫與笑臉，就是兒童哲學最大的心願。 ❿

---

❿　《兒童哲學：基礎理論教學方法之思辨與實證》，傅皓政等著，五南書局，23–42 頁。網站資料可參考：http://www.caterpillar.org.tw 財團法人毛毛蟲兒童哲學基金會的網站，此為臺灣長久以來經營兒童哲學課程之園地。

～～～～～ 讀後小測驗 ～～～

1.「兒童哲學」是什麼樣的哲學？

　A.是為了兒童思考而設計的哲學課程

　B.讓兒童瞬間變成大人的哲學

　C.是研究什麼是兒童的哲學

　D.是發現兒童與成人有何不同的哲學

2.李普曼推廣兒童哲學運動是為了？

　A.增加美國哲學的水準　　　　B.提高哲學系專業知識水準

　C.培養兒童好的思考的習慣　　D.培養兒童專業的寫作能力

3.文中提到哪一個國家有「高中哲學」的考試？

　A.英國　　　　　B.美國　　　　　C.日本　　　　　D.法國

4.本書還願意回答第三個兒童哲學的問題是？

　A.誰是兒童哲學之父？　　　　B.兒童能學哲學嗎？

　C.怎麼教兒童哲學？　　　　　D.兒童學習哲學是為了什麼？

5.最後一題，寫下任意一個目前為止你最有印象哲學家的名字，簡述
　理由。

參考答案

(51) CBCB

(52) ADCD

(53) ADCB

(54) ACDA

(55) BCDB

(56) BCDA

(57) ADBB

(58) DBBD

(59) BDDD

(60) BADC

(61) CBAD

(62) DCCD

(63) CABA

(64) BBDD

(65) DABD

(66) CBAD

(67) CDAC

(68) CBCB

(69) BDDD

(70) ACDB

(71) CABB

(72) ACBD

(73) AABD

(74) BADC

(75) ACCD

(76) DCDD

(77) BCDC

(78) ACDA

(79) DBDB

(80) CACD

(81) BDAD

(82) CCDD

(83) DBAD

(84) CBDA

(85) ACBB

(86) ADAD

(87) ADBB

(88) CBAD

(89) CDDD

(90) DCBB

(91) ADCA

(92) DABA

(93) ABDC

(94) BDDC

(95) DDCA

(96) CBAB

(97) BCAD

(98) BAAD

(99) ACCD

(100) ACDC

哲學很有事：十九世紀　　Cibala／著

最愛說故事的 Cibala 老師，這次要帶領大家，認識浪漫主義蓬勃發展的十九世紀，在這個站在「理性」與「進步」對立面上的時代，會有哪些哲學故事呢？馬爾薩斯認為人口的增長對未來有哪些影響呢？馬克思共產主義的核心價值是什麼？實用主義是種什麼樣的理論呢？快跟著 Cibala 老師一起探索，找出意想不到的大小事吧！

哲學很有事：二十世紀　　Cibala／著

最愛說故事的 Cibala 老師，這次要帶領大家，認識百花齊放的二十世紀，在這個一開始由「分析」與「解放」互相對立，到最後互相傾聽、理解的時代，會有哪些有趣的哲學故事呢？人類只不過就是一臺會思考的機器嗎？一家人之間長得像不像竟然也可以有哲學問題？絕對服從上級的命令，永遠是對的嗎？但如果上級命令我們為非作歹，可以不服從嗎？快跟著 Cibala 老師一起探索，找出意想不到的大小事吧！

青春超哲學　　冀劍制／著

其實你不是叛逆，只是發現自己與別人不同！25 個時事議題搭配哲學思辨，為迷茫的青春點亮一盞明燈！本書運用哲學觀點省思世界上正在發生的時事議題，將看似艱深的理論應用於日常生活中的實例，除了有助理解，更能增添趣味，提高一般大眾深度思考的能力，引領哲學進入我們的生活中。期望有一天，哲學能成為普羅大眾茶餘飯後的閒聊話題。

哲學十大問題
鄔昆如／著

本書透過十大問題扣問哲學的意涵，掌握哲學的主體——人，哲學的方法——思想，以及哲學的對象——存在，抓住哲學的核心，釐清此三大要素，並依次討論真、善、美、聖的層次，及其對應之學科——科學、倫理、藝術、宗教；最後聚焦於人我互助的社會，期望透過十個問題的討論，帶領讀者對哲學有初步的認識。

希臘哲學史
李震／著

了解哲學即是更了解生命，古希臘哲人們的學說是如何影響教育、政治、文學各個領域的發展呢？本書循序漸進的介紹、剖析古希臘哲學各家各派，並旁徵博引各古書斷簡，將形上學的超越精神，簡明清晰的呈現在讀者眼前。本書在作者輕鬆愉快的文筆下，深入淺出的道出古希臘哲學之精華，適合所有類型的讀者。

近代哲學趣談
鄔昆如／著

本書為從文藝復興開始，一直到黑格爾的辯證法為止的思想歷程。文藝復興一向被認為是西洋的再生，事實上，中世宗教情操中的「仁愛」思想被拋棄後，古代「殖民」和「奴隸」制度再度復活，導致十九世紀後半成為西洋近代思想最黑暗的時代。作者以深入淺出的方式，引導人們認識西方近代哲學，從而領悟到「精神生活的確立與提昇為人類文化發展之方向」的意義。

生老病死間的大哉問　　　黃珮華／著

作者在本書中，討論了基因檢查、墮胎等等生醫倫理學上的爭議，援引當代世界各地的實例，如環法冠軍阿姆斯壯的禁藥與輸血爭議、肢體殘缺的刀鋒戰士竟被四肢健全者攻擊說他作弊、想要安樂死的鮑維雅被醫院以鼻胃管強迫灌食。本書以宏觀的視野來關注生命、醫療、基因工程、哲學、倫理學、社會公義、人類未來發展等議題，是極佳的生醫倫理入門書。

我的自由，不自由？　　　鄭光明／著

道德必定會限制我們的自由嗎？西洋諺語：「言論不會傷人，只有石頭會傷人。」真是這樣嗎？網路霸凌越演越烈，政府能不能以「言論對他人造成精神傷害」為理由，來限制言論自由呢？本書以應用倫理學的有趣議題，直擊言論自由問題的核心。透過宅憤青、小狗阿力、卡洛琳等人物的校園哲學激辯，帶領讀者一起思考自由的限度。

墨翟先生，請留步！　　　李賢中／著

這是一本充滿對話的故事書，對話中隱含著哲理，故事中充滿著想像。兩千多年前的墨翟躍於紙上，在尋找天下至寶的途中，他巧遇了不同時空的先秦哲學家們：老子、莊周、惠施……。這些哲學家們談生命、論兼愛、講兵法、述鬼神。讀者不僅能從本書了解墨家哲學，亦得以從一個不同於儒家傳統的立場，鳥瞰先秦哲學。

少年達力的思想探險 鄭光明／著

探究哲學問題就像是走在一座令人迷惘、困惑不已的思想迷宮裡。這個思想迷宮並不在雲端上，而是在我們的日常生活中。我究竟是否存在？周遭一切會不會如夢如幻、只不過是惡魔的玩笑？什麼都可以懷疑嗎？還是有什麼是確定不可以懷疑的？在本書中，達力將以上述問題為藍本進行思想探險，期能在哲學的思想迷宮中，找到一條智慧之路。

平等與差異：漫遊女性主義 劉亞蘭／著

兩性平等，也能兼顧差異？如果生養子女是女人的天職，那男人呢？在科學和藝術領域中，天才是如何誕生的？本書將從自由主義的女性主義 、馬克思主義的女性主義、激進女性主義等觀點，帶領讀者一同了解哲學和性別之間的思辨過程。希望讀者朋友在了解女性主義者為女性發聲的奮鬥歷史之後，也能一起思考：兩性之間的發展、人與人之間的對待，是否能更和諧、更多元？

國家圖書館出版品預行編目資料

哲學與它們的產地：為青少年寫的哲學史飛行手冊／
Cibala著.——初版一刷.——臺北市：三民，2023
面；　公分.——（Think）

ISBN 978-957-14-7597-4（上冊：平裝）
ISBN 978-957-14-7619-3（下冊：平裝）
1. 西洋哲學史 2. 通俗作品

140.9   112002893

Think
哲學與它們的產地：為青少年寫的哲學史飛行手冊（下）

作　　者	Cibala
責任編輯	朱仕倫
美術編輯	林君柔

發 行 人	劉振強
出 版 者	三民書局股份有限公司
地　　址	臺北市復興北路 386 號 (復北門市)
	臺北市重慶南路一段 61 號 (重南門市)
電　　話	(02)25006600
網　　址	三民網路書店 https://www.sanmin.com.tw

出版日期	初版一刷 2023 年 5 月
書籍編號	S100490
I S B N	978-957-14-7619-3

三民書局